目錄

推薦序一

認真就會無悔　生命必將不凡

　　吾友丘樹華將軍為國軍具有文采之儒將，勤於筆耕著有多項藝文創作，現將少時從軍初始，在中正預校時各項回憶彙集成書；承蒙將軍抬愛，謹以吾之禿筆為序。

　　每個生命都有其各自之故事，在人生歷程中，分別譜出不同之樂章；人世間對於榮辱成敗，雖有外人評價之論斷，但對於自己來說，如何能夠無悔？怎樣才會不凡？其實答案都很簡單。

　　少年十五二十時，在多數人對未來還不知要如何選擇時，就有年輕學子願意離家從軍，誠然有些是因為承接父兄之志業，有些是因為家業貧困所迫，有些是對於疆場英雄之崇拜，更有人到今天，仍然講不出來當初究竟為何；但不論為何，大家都來到中興莊，展開生命中

之非凡旅程。

少年從軍，國家不但是給予這些少年未來軍旅之事業，更許諾出無限之可能；最重要的是在未與親情割捨，但卻在另外一方獲得高過友情之手足情懷。共同生活與成長之歷程，澆鑄出筆硯情以及袍澤義。

四十寒暑轉瞬即過，幾乎所有獻身軍旅之歷程，都將畫下最後的句點。如今回首來時路，當我們在中興莊內同行的時刻，就成為彌足珍貴之回憶。感謝樹華同學有心將此等少年無知時，曾經魯莽闖禍之歷程寫出，此將勾動諸多同學之心弦，讓其往日情懷再上心頭。

有些同學已離人世，多位同窗為國殉職，但亦有事業有成者；有些人曾經失足，更有人咀嚼過失敗之苦果。但不論成敗得失生死相隔，軍校同學就算是人生際遇再不相同，到最後還是無法否認這段同窗情誼。

漢代〈越歌謠〉：「君乘車，我戴笠，他日相逢下車揖；君擔簦，我跨馬，他日相逢為君下。」此乃提醒友誼不因富貴而有別；但對軍校同學來說，由於當年投

效軍旅，對於國家曾經許下過嚴肅之誓言，此乃生死道義之承諾，所以當今日吾人能夠執筆為文，回憶少時生活點點滴滴時，吾人更要追悼辭世同窗。

進入軍校，認真就會無悔，生命必將不凡；看到樹華同學筆下之回憶，不禁感念良久。在此序中，謹以下列數語做為結語，表達對所有同窗之敬意，亦期待所有曾經享受過同樣因緣之前後期同學，都能夠以此自勉：

吾對國家許諾生死，不論國家何時需吾，

成仁取義吾死國生，生者無愧逝者無悔！

中正預校第 1 期
海軍官校 72 年班
英國赫爾大學政治學博士
中華戰略學會研究員

張競

推薦序二

青春難忘，只因情真意摯

看完才子同學樹華的《少年十五從軍趣》，許多塵封已久的記憶，一一被喚醒，尤其是在年少時被烙印的「豐功偉業」，實在不勝枚舉。

記得民國 65 年 8 月 23 日，第一次以兩列火車由北到南（分山、海線），將全臺各地的少年菁英，載往高雄鳳山的中正預校，結合花東及南部地區的同學共約一千五百餘人，響應經國先生的號召，同時投身軍旅報效國家，這在當年可說是件非常轟動的大事。

當時學校的師資均為全國最優秀的，連擔任預官排長都經過精挑細選才能派任，各項學科白天上課如有不懂的地方，晚上就由預官排長協助加強輔導，所以每位同學的課業大都在水準之上。正因為基礎打得好，畢業

一千二百餘位同學在未來的軍旅生涯裡，都有非常卓越的表現，符合當初創校時的教育目標。

中正預校的校址是運用原陸軍士校的校址，剛進校時，除了校部大樓及預校生要使用的營舍是新建的，其他的地方仍在規劃新建中，所以校區裡還有很多的黑瓦木造房。那一年賽洛瑪颱風來襲，我們一群人躲在教室裡，眼睜睜看著這些舊營舍和新種植的樹，被強風吹走，才知道卡通影片《三隻小豬》裡房屋和樹被吹上天的情節是真的。

颱風過後同學們負責種樹，記得每人都要認養3棵，每天早、中、晚都得認真澆水，深怕它活不下來，民國103年有機會回母校參訪，第一件事就是去看當初悉心照顧的樹是否安好。經過三十餘年，它們確實都長得很高，但不知是不是當初我照顧的那幾棵，早知道應該簽名的（當時每棵樹前都掛有保管人的名牌）。其實這都不重要，只是憶起當年，我們都曾認真為學校一草一木努力過。

　　為了籌劃中正預校成立40週年慶祝活動，許多同學常聚會研討活動內容，當然少不了「話當年」好不熱鬧，每個人都能說出一些共同回憶或早已忘記的「豐功偉業」，難得樹華兄能用生動活潑的文字，將我們許多美好的回憶留存下來，更希望藉此激勵新一代年輕人的豪情壯志，加入國軍的行列，為中華民國國軍開創更美好的未來！

張競教授（左）與彭明陽校長

中正預校第 1 期
空軍官校 64 期
國防大學戰爭學院 94 年班
空軍軍官學校校長

彭明陽

推薦序三

人不輕狂枉少年　驀然回首四十載

　　民國 65 年 5、6 月間，在高雄衛武營區某預備師擔任營訓練官，甫經逐級薦舉即將擔任師長侍從官之際，被通知將和該師同梯次的預官共 6 人，參加中正國防幹部預備學校輔導幹部甄選（據悉係國防部要求陸軍總部轉知各級部隊薦報大學英文、數學、物理、化學等本科系畢業之預官參加預校輔導幹部甄選）。經過英文口試、班基本教練操演後，我竟然成了該師唯一錄取者，在營長失望、悵然的氣氛下，離開前往中正預校報到。

　　8 月 23 日當天，一千多名活潑可愛、少不更事的國中畢業生，在爸媽殷切期盼下，送進預校大門，展開人生另一階段——保家衛國的遠大目標。由於年紀幼小，從未長期遠離家門，夜不成眠、埋首啜泣者隨處可見，

熬不住思親之苦送回家、又在父母鼓勵下再次返校、甚至兩出三進者亦不在少數。初期預官排長首要任務即在於夜間安撫同學就寢，讓他們感受溫暖，避免空閒時想家，這對於出身教育家庭、從小就想從事教育的我，給了最好的實習體驗機會，磨練自己的耐心，發揮愛心。每晚就寢前的巡床、道晚安、說悄悄話，讓我至今 40 年後與同學聊天時仍能說出他們的床位、桌次、身家背景。

高一期間，在 19 連帶著中正 1 期親 14 班、親 16 班同學們一起成長、茁壯，陪著他們歡笑，悲傷，難過時還要哄到小弟弟們破涕為笑，一起開心，也成了我人生中一段不可磨滅的回憶。服役期滿離開時，同學們已開心準備放假，我卻似演偶像劇抽離不開戲中角色般，捨不得離開這些朝夕相處的小弟弟們，事後自己都覺得小傻。難怪有次在醫務室因為檢測出有胃潰瘍症狀，被醫官酸說：「你是預官，又不是職業軍人，幹麼那麼投入，搞壞自己啊！」不知是他錯，還是我錯。

　　民國 104 年 8 月間，19 連同學舉辦連聚，是我退伍後首次同時與那麼多同學再次見面，開心自不在話下。部分同學已解甲歸田，在民間事業有成。仍在軍中者均位居要職，樹華同學即是其中之一。樹華兄已是海軍少將，歷任助理次長、艦隊長、副指揮官等軍中要職，行事卻是溫文儒雅，平易近人，席間與師長同學互動良好，毫無驕氣。事後有同學發想，要為自己年少輕狂的往事趣聞留下記錄，丘將軍這位昔日國軍文藝青年，三度獲得國軍文藝金像獎，也獲選為國軍楷模，目前仍是文武兼修的軍中奇葩，自是同學力推的不二人選。

　　樹華兄文采非凡，思慮縝密，在公務繁忙之餘，仍能在短短兩個月內，將同學信口說來、隨手拋出的同學間少年糗事，構思專章，集結成書。除供同學填補即將散落的回憶空間外，更發下宏願，做為中正國防幹部預備學校創校 40 週年的賀禮。承蒙抬愛，邀我撰文推薦，謹以曾任中正 1 期 19 連預官排長，與這些昔日娃娃兵、今日將才共同成長的經驗提供穿插，分享回味。

　　樹華兄將一群少不更事、從未離家的娃娃兵們成長、茁壯、開枝散葉的歷程，分篇專章以第一人稱細數往事，寫實流暢的文筆，一氣呵成。看到以往年輕時不成熟的行為不禁莞爾，對於那些為國捐軀，在另一世界成立「天使第一連」繼續護佑大家的同學，也表達無限的敬意與思念。中正1期同學讀後，必定發出會心微笑，在校學弟們亦可從中推想1期學長往日成長過程，做為爾後自我淬鍊、期許的目標。期盼樹華兄繼續推出新作，激勵人心。

中正預校第 1 期
學 4 營 19 連預官排長
現任職國營事業

劉健清

自序

新書裡的老故事

　　民國65年8月23日，我和中正國防幹部預備學校第1期的一千多位同學，一起進入鳳山中興莊求學。一群懷抱從軍報國理想的小伙子聚在一起，展開了一連串的奇妙旅程，我們真正的人生，不是從小學、國中寫起，而是在中正預校。3年的預校（高中）生活不算太長，卻澈底轉變了我們的一生。

　　國中剛畢業的學生，穿上中正預校的制服，領到了中華民國軍人身分補給證；坐車、看電影買的是軍警票，外出遊玩住國軍英雄館，還算不上是真正的軍人，只能算是娃娃兵。娃娃兵聚在一起，自然會發生很多有趣、感人的故事。民國68年夏天從中正預校畢業，快37個年頭了，許多陳年往事，一再從腦海裡發酵。想寫一本

當年的預校生活照

書，記載這些老故事，在心裡醞釀了很久，終於提筆，卻有欲罷不能的感覺。

作者校園留影

最近和一些預校同學碰面，大多非常懷念當年在預校念書的日子。年少輕狂，又充滿了理想；接受磨練，適應團體生活和軍事管理。相較於高中生，我們在師長耳提面命下，勇於承擔肩上的責任，建立了犧牲奉獻的

15

人生觀。這些觀念，對於日後的軍旅生涯影響深遠。

中正預校的校訓是「親愛精誠」四字，回憶預校生活那 3 年，我們的確做到了。事實上，我們在畢業後也不斷實踐這四個字，筆者的軍旅生涯三十多年，經常在各地遇見預校同學，雖然大家軍種不同，穿著不同顏色的軍服，但是我們的語言相通、觀念一致，很多任務都能合作達成，特別是在國防部服務的 6 年裡，我的感觸特別強烈。

這本《少年十五從軍趣》原本想以小說的體裁書寫，但往事的片段太多，小說無法涵蓋全部，最後決定以說故事的方式，讓往年的畫面一一呈現。感謝張競、志明、本昌、冠隆等同學、健清排長熱心提供很多往事，增加了這本書的素材，也得以更深刻的描述當年在預校上課生活的場景，讓這些故事能永久保存下去。

預校的生活辛苦嗎？對於一個十五、六歲的小伙子而言，離鄉背井，確實有些辛苦。但在單調的軍事管理生活中，也能發生很多有趣的事。40 個年頭過去了，也

許現今時空環境不同，管理的方式和生活條件也和當年不同，但「三軍一家，如兄如弟；三軍一體，如手如足」的建校宗旨應該永遠不會改變。

　　將老故事寫下來，供當年在一起生活的伙伴共同回味，或未曾參與的朋友們參考，是一件很有意義的事。書中所提到的真人真事，並無惡意，筆者只是想讓內容更貼近我們當年在預校的場景，希望當年在學校的師長們以及同學、讀者們都喜歡。

　　民國 105 年是中正預校成立 40 週年，謹以此書，表達無限的感恩，呈獻給培育我們長大的母校。

❀ 楔子

網路上流傳著一段影像斑駁的影片〈四、五年級生的共同記憶〉，娓娓訴說著屬於那個年代的故事。我們是五年級初段班的學生，每天都很努力遵守校規，聽老師的話，用功讀書，大家都非常尊敬蔣總統，四處圍牆上都漆上「保密防諜，人人有責」，也曾經很努力察看哪裡有匪諜，因為校長曾經在朝會時告訴全體同學，破案獎金300萬……

在桃園縣中壢市出生的我，非常嚮往臺北的繁華，想全力衝刺，考上臺北市的明星高中，卻又禁不起玩樂的誘惑，一邊玩樂，一邊挪出部分時間讀書，當年的成績，雖然考不取北聯前三志願，但考上省立高中絕不成問題。民國64年，蔣中正總統逝世，當年的國慶日，舉辦了一場極為盛大的閱兵，前一晚和國中同學，擠在他家位於三張犁的小房子內過夜，第二天一早經過金華女中（海軍官校閱兵連住在裡面），發現官校學生真是帥

到不行，於是在當天，幼小的心靈裡做了一個決定：我一定要去讀軍校，將來保衛國家……

在沒搞清楚狀況下，報名了中正預校第1期招生考試，通過體檢和口試後，握著手上的准考證，不禁在心裡吶喊：「國軍，我來了！」

算來，那已是40年前的初夏，很久很久以前的往事……

第一篇

築夢伊始

看閱兵

民國64年，臺灣剛走出蔣總統逝世的國殤，在那段舉國同悲的日子裡，電視只有黑白畫面，學生們在制服上別上了黑紗，降半旗1個月，年僅14歲的我們，哪裡懂得真正的悲傷是什麼。跟著姊姊到國父紀念館排隊數小時，只為了十數秒鐘的瞻仰遺容、鞠躬，熟背〈總統蔣公遺囑〉：「自余束髮以來，即追隨總理革命，無時不以耶穌基督及總理信徒自居……」。學校裡教唱兩種版本的〈總統　蔣公紀念歌〉，其實不用教大家都已耳熟能詳，因為電視臺每天播放著；努力將〈總統　蔣公遺囑〉背得很熟，是因為高中聯考很可能會考相關的題目，當年國三的我深信不疑。這些都是四、五年級的中年人共同回憶。

國中三年級的生活簡直無聊死了，每天7堂課，老師非常努力在課堂上反覆解說著國、英、數、理、化各科內容，講臺下的我們大部分時間心不在焉，反正講完了

還會重複，下午的體育課都改成了自習，然而非常用功的永遠是那前面幾名同學。每天好不容易熬到放學，騎著腳踏車去補習班，從下午5點半到8點半，還有3堂課，回到家已是飢腸轆轆，吃完母親所留的晚飯就十分睏倦了，還得假裝用功到晚上12點鐘，日復一日……

國三時我和羊角是莫逆之交，上課時傳紙條，下課後一起聊天，只要假日有空檔，便一起打撞球，從中壢騎單車去觀音海邊，年少的我們，其實沒什麼夢想，不喜歡念書。想當軍人，也只是稍縱即逝的念頭，還談不上理想。

「聽說今年要舉辦大閱兵，很多年沒辦了。」

「去看看熱鬧，反正國慶日不用補習。」

羊角的家教老師趙必忠是中原理工學院（現中原大學）的學生，聽了他的提議，立刻爽快答應。

3個人很快決定行動，為了避免國慶日擠不進重慶南路、介壽路（現凱達格蘭大道）等最佳觀賞地點，提前在10月9日晚上搭火車北上，羊角的父親在吳興街買了一

個小店面，3個人在店裡用厚紙板當床鋪，挨過一個難忘的夜晚。

國慶日當天，3個人吃過燒餅油條，便信步走向市中心，由於管制區過大，怎麼繞都無法進入閱兵典禮會場，只能在封鎖線外欣賞集結的部隊、戰車、大砲。第一次看到這麼多部隊，對年少的我們而言，無疑是一大刺激。

在臺北市區亂逛的國慶日，一路上都是「普天同慶、薄海騰歡，奉行領袖遺志、光復大陸國土……」，旗海和標語將市區妝點得活力洋溢，心裡覺得強大的國軍一定能反攻大陸，解救苦難同胞。經過金華女中門口，碰巧遇見海軍官校學生隊伍扛著槍，唱著軍歌返回借住的學校，戴白軍帽、黑色的典禮服上衣、白軍褲、白皮鞋，真的好帥。我和羊角當時覺得似乎他們每一個人都看起來好英俊，心中不禁激起一陣陣漣漪……

「羊角，我以後想讀軍校。」

「我爸爸雖然是退伍軍人，但他不同意。」

「當軍人很好哇，可以過很刺激的生活。」

「最好想清楚，軍人的生活是很苦的。」

搭火車從臺北回中壢，望著淡水河上煙火繽紛的夜空，年少的我已經默默決定將來要走的路。

軍校的召喚

國中三年級的課程愈來愈緊湊，每天不停大考、小考，全年級一共15個班，每班五十多人，3年1班和9班分別是男、女生的第1班，難免承載著全校的榮譽和參加高中聯考的最大壓力，有多少人能考上省立高中，全看這兩個班的表現了。

畢業前兩個月的朝會中，臺上赫然站著兩位穿著筆挺軍服的軍校學生，以清晰的口條，向大家推薦從軍報國的好處，原來是陸軍幼校（陸軍軍官預備學校）的學長（我還記得他們的名字是刁寶鼎和梅瑞民學長），比起國三的我們，要穩健成熟許多，為了建立「三軍一家，如手如足，如兄如弟」的情感，國防部當年決定將陸軍預校、海軍官校預備班、空軍幼校合併，成立中正國防幹部預備學校，如果去報考並就讀，就成了中正預校第1期，讓國三的我們心動不已。朝會後大家圍著他們，最有興趣的我擠在最前面。

「讀軍校有什麼好處？」

「學雜費全免，食宿、服裝全由國家負擔，每個月還有零用金。」

「念軍校會很苦吧？」

「預校只有生活軍事管理，沒有軍事訓練！每年有暑假三週，寒假兩週。」（太短了吧！聽說念五專有暑假三個月、寒假兩個月。）

在年少的心靈裡，讀軍校的辛苦阻擋不住堅定的意志，記得那年軍校的招生廣告非常多，彷彿國家已到救亡圖存的時刻。向父母表達了內心的意願，母親擔心軍校太苦因此極度反對，父親則表示贊同，但是高中、五專聯招還是要參加。

「幹軍人，就要幹陸軍，以後升遷的機會較多。」

「好男兒就要有『出將入相』的志向！」

年輕的我哪裡懂得這些大道理，當年一心一意想當空軍，被空軍軍歌前兩句「凌雲御風去，報國把志伸」深深吸引，假如未來能成為空軍飛行員，駕著戰鬥機保

27

衛領空，是多麼豪壯的一件事！為了重申自己的志向，那年在《國語日報》投了一篇文章〈凌雲願〉，父親看完深表贊同。

為了預防未來後悔，同時也報名了高中和五專聯招，幾個同學一起報考中正預校，並相約一塊到新竹空軍醫院體檢和口試，在空勤體檢視力箱那關，醫官要我看的字愈來愈小，由於分不清U或V、C或O，不幸慘遭淘汰，醫官在體檢表蓋上了「視力不合格」，雙眼無法銳利如鷹，當空軍的夢碎了，但還是可以考陸軍、海軍、政戰或陸戰隊。因海軍的軍服比較帥，志願表立刻修改為海軍、陸軍、陸戰隊、政戰。

完成體檢，到了口試那道關卡，口試官的鄉音很重，應該是位山東籍的軍官，原來只是話話家常，從外表初步鑑定考生有無重大問題或缺陷。

「小伙子，這麼年輕就立志當軍人，勇氣可嘉。」（廢話！中正預校本來就是招收國中畢業生）

「我從念小學就想當軍人了！」（用更堅定的意志

向口試官報告）

「幹海軍不簡單喔！會不會游泳？英文也很重要！」

「小學就會游泳了，國中英文成績還不錯！」（又是小學就會了，天生當海軍的料！）

「去領取准考證吧！」

順利通過口試後，領到了中正國防幹部預備學校第1期的准考證，心中的雀躍難以言喻，距離當軍人的夢，總算向前邁進了一大步。

考試的前一個月特別用功，依序考完了高中、五專聯考，接著參加了中正預校入學考試，為了證明我不是因為考不上高中才去考軍校，也擔心軍校會考不上，努力考完三項考試，順利獲得分發中壢高中和中正預校，最後，當然選擇了後者。報到前的一個多月暑假，顯得特別漫長，望著母親每天忙碌的身影，想起即將遠離家鄉，心中還是萬般不捨。當時家裡正在進行加蓋三樓的工程，每天跟著師傅一起工作，挑磚塊、拌水泥，度過了這輩子最聽話、最乖的一個暑假。

遠離家鄉

告別父母，帶著簡單的行李，終於捱到軍校的入學日，民國65年的八二三金門砲戰紀念日，對1,500位中正預校第1期的同學而言，是人生的重大轉捩點，一大群十五、六歲的大男孩，將聚集在一起，開啟人生新頁……

當天一早到桃園市救國團報到，救國團的老師將陪著我們一起南下，父親指派滿叔陪著我報到，在桃園火車站搭上南下專用列車，還記得滿叔交給我一袋青蘋果，情境有點像朱自清當年搭火車時，他的父親交給他一袋橘子……

「上車後，隔一個小時吃一個，等吃完高雄就到了。」

我無言以對，想起自幼受到他的疼愛，離別的情緒不禁湧上心頭……

「在軍校要努力念書，照顧好自己，常寫信回

家。」

　　列車在臺灣西部的原野上奔馳，載運著一群年輕人的夢想，途經新竹、苗栗、臺中，每個站都上來許多立志從軍報國的同學，吃完發放的排骨便當，啃著滿叔幫我準備的青蘋果，車廂裡除了鐵軌和列車摩擦的聲音外，顯得格外安靜，大家雖然很陌生，但選擇了一致的道路。

　　南下的專列是沒有冷氣的平快車，當年的臺灣經濟正處於初步起飛狀態，除了幾個大都會外，南下的路途是一片綠野平疇，農業社會的景象盡入眼底，在社會經濟飛快進步的當年，我們選擇了念軍校，是愛國心使然，也從未想過未來將有多麼辛苦，「好男不當兵，好鐵不打釘」，我們似乎都違背了社會中流傳的這句話。

　　天快黑的時候，終於來到了鳳山火車站，大家下火車，已經有多輛軍用大卡車等著我們。拿著行李袋，站在火車站前，其實心裡有點害怕。高雄，我們來了，這輩子還沒到過彰化以南的地方（只有小學畢業旅行去過

彰化八卦山），對於鳳山更是陌生。

陸軍預校20期的學長，在暑假期間組成了服務隊，協助照顧我們這群小伙子，招呼大家上軍用大卡車，到學校時已經天色昏暗，直接帶進餐廳吃晚餐——這輩子第一次吃軍糧。

「各位老弟辛苦了，晚餐要多吃點，否則到了晚上沒東西吃！」

「報告學長，飯菜都涼了怎麼吃？」（這是事實）

「國家養你還要挑三揀四，莫名其妙！」（才問第一個問題就失去耐心）

「報告學長，飯裡面有米蟲！」（噁！）

「米蟲最有營養了，你看學長吃了一年多也沒怎樣啊！」

晚餐的菜色有螞蟻上樹、炒蛋、紅燒雞、青菜等，飯是糙米飯，硬得像石頭，吃著冷菜硬飯，好想哭！怎麼跟想像中的差了一大截……

「晚餐是給新生吃的，我們不能吃！」

民國 65 年的中正預校

「什麼？沒有我們的飯？」（他們忙了半天還沒飯吃）

這時才意會那些學長的辛苦，強迫自己吃完那碗飯，也是難忘的第一餐，學長又帶著我們按名冊到各連報到，6棟全新的大樓和1棟餐廳，就是我們一千多位同學未來生活、上課的場所，學4營20連，我默默記下了單位名稱。

連上長官忙著填寫資料、編排鋪位，發棉被、床單、軍毯和盥洗用貝，待一切就緒，已接近就寢時間。

在這民國65年8月23日的晚間，學生連終於編成了，盥洗完畢，躺在床鋪上，望著全新的棉被、蚊帳、鋁床，我們的軍人生涯不知會有什麼結果？

「你們的生活條件，比我們在成功嶺要好多了！」

「大家不要擔心，這裡只有軍事管理，沒有軍事訓練。」

預官排長楊啟祥少尉就像說著床邊故事，不停安撫大家。寢室內的電風扇發出運轉的風聲，窗外是漆黑的甘蔗田（當年預校成立時，校外是一片荒蕪景象），想著家裡舒適的被窩，我們這群娃娃兵的冒險故事正要開始⋯⋯

娃娃兵大會師

連上的同學來自全國各地，包含澎湖、金門、馬祖，身高從152公分到190公分都有，有農村子弟、眷村小孩、原住民青年，真是五花八門，各種語言都說，但為數最多的還是軍人子弟，他們的生活習慣相同，不論是臺北的眷村，還是屏東的眷村，語言相通，他們的父親、兄長也多數是軍人，自幼耳濡目染，對於軍校的環境彷彿一下就適應了。

來自其他家庭的我們，當然很快就被他們同化，一起說著眷村小孩的語言。

「把馬子」是最普通的，其他還有撇輪子（坐計程車）、撇大條（上大號）、哈草（抽菸）、毛管（手淫）、擋鄒（借錢）、搬火山（喝酒）、柳牌（百元大鈔）……，但就是不見讀書等好事的代語是什麼，彷彿我們進校前，生活在兩個不同世界裡。

新的制服還沒到貨，學校發了兩套舊的陸軍預校制

服給我們應急，第二天早上集合時，有大有小，有長有短，大家相視而笑，活像是抗戰時期從民間被抓來的充員兵，但是我們還是很有榮譽感，把衣服穿好，挺起胸膛，代表我們人小志氣高。

「幹軍人就要有軍人的樣子，抬頭挺胸！」

「在部隊裡不要亂動！」

「遇見長官要敬禮問好！」

「我就是20連連長，連長是工兵，看看我領子上的城堡，工兵就是要克服萬難，所以20連要有不怕苦、不怕難的精神！」（完了！才第二天就要不怕苦不怕難。）

連長江萬有中尉是陸官43期（不久後升了上尉），短小精幹，雖然也很年輕，但在我們這群娃娃兵看來，簡直是神！我們的排長許由元少尉是雲林人，成大數學系畢業的預官，雖然他並非軍校畢業，卻極度沒耐心，要求很嚴格。

「這麼多問題！去吃大便啦！」

「第一週是輔導週，第二週是進入狀況週，第三週是加強磨練週！」

沒有人想問第四、五週是什麼週，只好私下幫他取了一個外號「老〇〇」，說到外號，不到兩三天，大家一起吃飯，一起集合，一起睡覺，很快就混熟了，開始有了很多外號。

身高最高的同學老是將「Bingo」放嘴邊，大家就叫他「賓果」；最矮的同學只有152公分，在家排行老三，於是「小三」成了他的外號（當年的社會還不流行小三）；睡在我旁邊的同學長得又矮又圓，大家稱他為「蛋」（後來變成了「呆鳥」），最胖的同學自然就是「大豬」了；有一位同學長得很秀氣，說話輕聲細語，大家叫他「徐小姐」；還有「毛一管」，……。至於我，在自我介紹時說，以前的外號是「水牛」，從此這個外號不但在預校時沿用，甚至到官校或畢業後，用了幾十年。

進校的頭幾天，陸續發了一些個人用品，包括1個鋁

製的臉盆（不只是洗臉用，每次出公差挖樹洞、修補地球都帶著它）、1個肥皂盒、1個白色塑膠牙缸、1枝牙刷（牙缸和牙刷很好用，大家都用來泡麵，當年大家不懂「塑化劑」，用牙刷柄取代筷子吃泡麵）。除了床上的棉被必須疊得有稜有角之外，連牙刷的方向、鞋子的擺放位置，都不放過，這是年幼的我們很難接受的地方。

「疊棉被的時候，要先將棉被攤平。」

「用手刀，用力將折起的地方弄平整。」

「用膝蓋及大腿的力量將疊起的被子壓平！」

「再用手指摳角捏線，棉被就疊好了！」

陸軍預校20期的學長（又是放暑假被召回出公差的），一邊說一邊將一床床棉被疊成豆腐干，汗流浹背，我們這群娃娃兵個個一頭霧水，望著寢室裡一床床的豆腐干，我們這個連算是成型了，從雜亂到整齊，也算是一個好的開始。

軍人初體驗

經過了一陣子的適應和輔導，大家逐漸習慣了軍校生活，黎明即起，疊棉被、整理內務、刷牙洗臉、穿好衣服、到集合場早點名，接著是晨操、早自習、早餐、上課、午餐、午休、上課、體能活動、晚餐、盥洗、晚自習、晚點名、就寢，每天都是相當單調無聊的，每週兩堂課的基本教練，連長恨不得將我們這群小傢伙，一夕變成頂天立地的軍人，因此要求相當嚴格。

「課目：單兵徒手基本教練」

「進度一：立正，稍息」

「聞立正口令，雙腳靠攏，腳尖成45度，兩手自然下垂，五指伸直併攏，中指貼緊褲縫，頭要正，頸要直……」

不只是這些要領，連長要求大家脖子上要有數條線，那個年代的我們，瘦子居多，再怎麼樣脖子也擠不出幾條線，因此，兩堂基本教練下來，大家都是汗流浹

背。進度一雖是立正稍息，但絕大多數的時間都是立正，也就是罰站，但也因此磨練了大家正確的儀態。

進中正預校的前幾週，軍歌教唱是重點課目，在連長、輔導長的耐心教導下，〈陸軍軍歌〉、〈預校校歌〉是重點歌曲，大家很快就進入狀況……

「風雲起，山河動，黃埔建軍聲勢雄，革命壯志誓精忠，金戈鐵馬，百戰沙場，安內攘外做先鋒……」

「三軍幼苗共沐春風，親愛精誠好弟兄，力行校訓四育並重，術德兼修文武通，我們是國防基幹，我們是革命先鋒，我們的朝氣蓬勃，我們的壯志如虹……」

陸軍軍歌是每天的早點名歌，在幼小的心靈裡，真的搞不懂為什麼每天第一件事就是唱陸軍軍歌，明明我是要幹海軍的，更搞不懂的是進校沒多久，校歌就停唱了，改成陸軍官校的校歌。「怒潮澎湃，黨旗飛舞，這是革命的黃埔，主義

中1期期徽

預校生活照

須貫徹，紀律莫放鬆，預備作奮鬥的先鋒，打條血路領導被壓迫民眾，攜著手，向前行……發揚吾校精神！發揚吾校精神！」

　　校方的說法是大家都是黃埔子弟，不分陸、海、空軍，所以〈中正預校校歌〉與〈陸軍官校校歌〉一致。根本是置入性行銷！年幼的我們，只能無奈接受，但有人在寢室裡擅自更改了歌詞：「早晨起床迷迷糊糊，這是國家的床鋪，不怕饅頭小，不怕豆漿少，只怕中午出特別操……發餉就有精神！放假就有精神！」，年幼的我們，資歷不足，但是創意無窮。

　　進校數週後，學校終於分發了正式的制服，白色

大盤帽、淺藍色上衣、深藍色長褲、黑皮鞋，原本的設計還有短褲、長統白襪和金色綴帶，長官認為太醜而取消，望著衣服上的名條和學號681356，覺得自己成為預校的一分子。穿上新的制服，終於可以放假外出了。

9月3日的中午，餐桌上多了雞腿、炸蝦、汽水，營輔導長告訴大家今天是軍人節，所以加菜。啃著美味的雞腿、喝著汽水，15歲的我們不免在心裡發出一陣陣驚喜，我們終於是軍人了……，這也是這輩子第一次過軍人節……

連上的幹部繼續努力教唱著軍歌，記得除了陸軍軍歌外，我們所學的第一首歌曲是〈老兵〉。

「飄揚的旗幟，嘹亮的號角，戰鬥的行列是他快樂的家，一心一意，熱愛著祖國，更把生命獻給了他，……」

對於新加入國軍行列的我們而言，這首〈老兵〉可以砥礪我們從軍的堅強意志，就像另一首〈我有一枝槍〉，唱出了未來絕不改變的心意：「我有一枝槍，

扛在肩膀上，子彈上了膛，刺刀閃光，我有一枝槍，扛
在肩膀上，子彈上了膛，刺刀閃光，慷慨激昂，奔赴戰
場，衝鋒陷陣誰敢當……」

　　在部隊集合行進時，大家奮力高唱著，整齊的步
伐和嘹亮的軍歌聲，唱出了我們的志向和從軍的堅定意
志，也是大家的軍人初體驗。

五星級生活與學習環境

　　剛進預校的時候，學校裡還有一排排木造房舍，當年的標準軍營房舍，那種長條形的單層營舍，應該是冬冷夏熱，有點克難的設施，唯獨我們中1期的學生得天獨厚，住在進校門右手邊的6棟全新大樓裡，每個連有4個教授班，一共10個連，分別是親1班到親20班和愛1班到愛20班，為大家準備的設施，勘稱軍中的五星級房舍。

　　進校時我被分配到第4營的20連，親17班，全班35人，住在一間大寢室裡，除了每人分配一張上鋪或下鋪的鋁床，還有一個木質內務櫃，行李袋則集中放在附設的儲藏室裡，寢室內有6座吸頂電扇，外面是長條形的盥洗檯，浴室和廁所在大樓的兩側，這樣的設施，在幾十年前算是第一流的，雖然洗澡時裸裎相見，但同學們相處久了也就不以為意了。

　　當年學校的餐廳，設計在6棟大樓的後方，為一層樓式，同時容納兩個營，一千多位同學用餐。剛進校時，

生活還不太習慣，同學們也不太熟悉，在6人一桌的餐桌上相敬如賓；在一起生活久了，大家都混熟了，營值星官（連長）喊開動，有些桌在3分鐘內，可將桌上的4道菜一掃而光。搶菜的遊戲在預校的餐廳一再上演，連上隊職幹部以為菜量不夠，到廚房找更多菜，被耍了幾次以後，才發現又是同學們頑皮的遊戲，只好陪他們玩，找來更多菜。

「好好吃，沒吃完不准下餐廳！」

「站著吃，看你們還要不要搶菜!」

被處分的同學吃完超量的飯菜後，再也不敢玩了。隊職官非常照顧同學們，所以每天的伙食色、香、味俱全，加上伙房裡還有多位老班長，做菜功夫一流。曾到臺北市仁愛路的「忠南飯館」吃過飯的人都知道，老兵做的飯菜，就是類似的美味，每天早上有稀飯、豆漿、饅頭和3道菜，午、晚餐則是4菜1湯加水果，比野戰部隊好多了，在40年前真是很好的待遇，當過幾十年軍人的我，至今仍然懷念當年的美味。

　　每晚就寢後，也是寢室內最熱鬧的時候，聊天的聊天，有些人菸癮犯了就到儲藏室或廁所內解決，當然免不了和連長或排長來場官兵捉強盜的戲碼，出征失敗的同學難免會接受一定程度的處罰。我們這群十幾歲的小伙子，晚上肚子餓了偷偷吃泡麵是很正常的，但往往泡了一包麵，有5、6個人來分享一口，等分享完畢，已所剩不多，有一次排長半夜巡視寢室，聞到泡麵味道……

　　「誰在寢室裡吃生力麵？」

　　「報告排長，我吃的不是生力麵，是味味麵！」

　　絕妙的對話引來哄堂大笑，寢室除了讓大家睡覺外，更是提供年輕小伙子互相捉弄的場所，有人很費工夫的將同學的牙膏擠在洗面皂裡，洗面皂擠在牙膏內，早上刷牙洗臉時引來一陣咒罵……趁同學洗澡時將內衣褲藏起來，被捉弄的同學只好「裸奔」回寢室，事後查出凶手，排長對他的處分是在大樓兩端裸奔3次……，當年廁所內擺放了很多塑膠桶，用來收集尿液，據說是用來製作化學藥劑，沛杰遭同學捉弄，低頭時菸蒂丟進尿

桶，引燃了尿桶上的氨氣，眉毛燒光了，只有央求女老師（張上珠老師）晚上幫他買眉筆，用來畫眉毛……

「老師下課時能幫我買一枝眉筆嗎？」

「大男生幹麼畫眉毛，愛漂亮也不用這樣啊！變態！」

「事實上是……，所以需要眉筆！」

「哈哈……」

沿著寢室與教室相連的風雨走廊過去，便是我們上課的教室，教室裡有同學們專屬的書櫃和抽屜，因此在預校上課是不帶書包的，上面有個小平臺放置文具的斜面式課桌，在當年可是一項創舉，全國最高級的課桌。教室裡除了5支吸頂電扇外，還有9盞三管式日光燈，晚上亮如白晝，為了保護未來三軍官校學生的眼睛，國家真是投下了很大的成本。中正預校就是當年的行政院長蔣經國先生創辦的，他曾多次無預警到校視察，共進早餐後，他也很親切的向學生垂詢，在40年後的今天，仍舊令人懷念……

經國先生於民國 65 年巡視校區

「你們早上吃一個饅頭,吃飽了沒有?」

經國先生曾摸著沈一鋒同學的頭說:「孩子,希望你以後比我強!」

沈一鋒同學在空軍官校畢業後,真的成了IDF經國號戰機的飛行員,並且在上校退役後回到空軍官校,擔任聘雇飛行老師,繼續教導年輕的學弟飛行,翱翔天際。

儘管大家花很多時間在寢室和教室打鬧嬉戲,晚自習聊天、寫情書的時間比讀書多,但也為人生的

十五二十時，留下了最深刻的回憶。能有一千多位伙伴，在3年裡，住一樣的寢室，吃相同的伙食，同在南臺灣的風吹日晒下一起長大，需要多麼深的緣分！

曾經有一位同學，用打油詩描述預校的日子「預校的生活多麼淒涼，夕陽西下更悲涼，守伏著窗兒向外望，王生明路野茫茫，我們好比籠中鳥，我們好比網中魚，既不能自由的飛翔，更不能任意的浮沉……」，雖然嘲諷，但大家仍然堅定的走著從軍路。

敬愛的長官們

「你今天刮鬍子了沒有？」

「報告連長，刮過了！」

「這是什麼？到底刮了嗎？」

「我昨天晚上刮的！」

連長發現同學們鬍子沒刮乾淨，經常用拔鬍子的遊戲，提醒同學們要注意服裝儀容，十五、六歲的小伙子，堪稱「嘴上無毛，辦事不牢」，但是嘴邊又不時冒出小汗毛。連長江萬有上尉，是一位極有愛心，對同學們諄諄教誨的好長官，他的個子不高，但是軍事動作極為標準，對同學們總是苦口婆心，最絕的是他責備犯錯的同學，音量可以逐步升高，達到人人恐懼的地步。儘管過了這麼多年，還是令人非常懷念。

連上的3位排長都是大學畢業的預官，上面千挑萬選到預校來服務，一方面照顧我們的生活，一方面可以在課餘輔導大家的課業。當年的劉民光排長，是清大化

學系畢業，比我們用功十倍以上，每天手上抱著有機化學、無機化學。他最痛恨同學們不用功讀書，有一次同學晚自習看言情小說，裡面寫著「風吹著雲，雲是風的翦影，在風和雲的律動中，我又失落了我……」，劉排長命令那位同學寫3千字心得，說明為什麼他又失落了他。

不能不提一、二年級時的劉健清排長，就像同學們的大哥哥，不斷勉勵大家要敦品勵學，並分享生活中的道理，他也教導大家如何在玩耍中學習，讓同學們獲益良多。劉排長有一次與同學們比賽，繞著教學大樓跑，最後只剩下他和來自美濃的田徑選手張達星，為了面子和形象，劉排長堅持到底，贏得了第一名。

還有師大化學系畢業的何東隆排長，能忍受同學的調皮搗蛋，比課堂上的老師更像老師，梅標（同學的外號）有一次說，剛來的時候，沒看清楚排長的名牌，以為他姓「阿」，怎麼有人姓阿？於是私下幫何排長取了「阿東隆」的外號，晚上就寢時，梅標躺在床上唱著：

「阿東隆（I don't like）to sleep alone …」，剛好排長走過去，梅標被罰站兩小時……

我們的營長辜世奇中校，是位極為優秀的裝甲兵幹部，說話有條不紊，是大家心目中的偶像，經常告誡大家要怎麼做人做事，立志修身，才像一個軍人，對於年輕的我們影響甚鉅。經常在校園中的小型沙盤看他和19連連長孔繁亞上尉在一起研究陸軍戰術、攻擊、防禦、遭遇、追擊、轉進。在那個年代，也許有許多認真的軍官，但我只見過他們兩人，那個畫面確實令年少的我感動和欽佩不已，至今幹了三十多年軍人的我，也未再看過相同的畫面。

校長周世斌將軍接受華視節目《翠堤春曉》主持人崔苔菁採訪

營輔導長在當年也是一時之選，陳體光少校是當年的營輔導長，非常呵護大家，從吃飯、就寢、添加衣物到一切生活瑣事，總是不厭其煩，一再提醒，對連上的幹部盯得很

周校長慰勉中１期海軍同學

緊，就怕對大家的照顧不夠，尤其是伙食，他經常問我們菜好不好吃、量夠不夠？有一次同學向他反映早餐的饅頭太硬、飯沒煮熟，第二天的重大發現是伙房兵十幾人全理了大光頭，大家很想笑，但又忍住不能笑……

學指部指揮官王鳳樓上校是青年軍出身，典型的山東人，常看見他集合營長以下的幹部嚴厲責備，當年的隊職幹部從少尉排長到中校營長無一倖免，可見他們的壓力有多大，他常用帶山東腔的口音責罵部隊：

「看看你們這個練（連），軍莞（官）不像軍莞（官），削（學）生不像削（學）生！」

這句口頭禪在同學間流傳了很久，他最喜歡在晚餐後到小吃部看看誰在裡頭吃麵，代表那位同學剛才沒好好吃飯，結果倒楣的還是連上的隊職官，對於同學們，他倒是非常慈祥和藹的。

預校一年級的校長是孟憲庭將軍，到下學期換成了周世斌將軍，一直到畢業都是周校長帶領大家，周校長治校付出了全部的精神和體力，原來聽不懂四川話的我們，因為聽多了他的訓話而融會貫通。

「以（一）摳（科）不及給（格），禁假半天，良（兩）摳（科）不及給（格）……」

老校長的合理要求和對大家的照顧，讓我們懷念一輩子。

假日的冒險

經過幾個星期的訓練課程，有了軍人最基本的樣子，校方終於決定讓大家在每週日正常放假。高雄對於南部的同學而言，再熟悉不過，週日放假當然是回家看看父母，享受家庭的溫暖；對我們住北部的同學而言，則是一次又一次的冒險……

穿著嶄新的制服，戴著白色大盤帽，同學們三五成群，展開高雄的驚奇之旅。記得第一次放假，口袋裡擺著離家時父親給的300元，從預校大門經過張靈甫路（現改為凱旋路）、王生明路半個多小時後，抵達鳳山的中山東路，找了一家冰果室，先點一大碗水果冰，心情才剛開始興奮，就遇見了幾位陸軍官校的學長……

「看見學長為什麼不敬禮？」（有什麼了不起？你也不過是一年級，在學校被學長修理多了，假日找我們報仇！）

「報告學長，沒看見！」（其實早就看見了）

「你們眼睛有問題嗎？哪一個軍種的？」

「報告學長，空軍！」（隨便亂報，如果報陸軍可能更慘！用這招履試不爽。）

「空軍？連學長都看不見還想開飛機？」

一陣責罵後，才知道自己原來是最小的，學校裡長官的和顏悅色都是假象，在外面更要提高警覺，罩子放亮。想起放假前排長的交代，「遇見憲兵趕快走別的路閃開，以免被登記違紀！」後來放假的心情涼了一半，遇見學長只好乖乖敬禮，但還是被挑剔姿勢不夠標準。

到鳳山的合作戲院去看電影，心想這下安全了吧，電影開演關燈後就看不見學長了！電影散場後走出戲院，眼觀四面，提高警覺，找個小館子吃水餃，決定回學校，結束了在預校的第一次放假。回學校的路上，忽然有一輛吉普車在身邊停下，叫我們上車，原來是最帥的教育長張濟英少將（空軍），在軍中還是有很多溫暖的。

在沒有週休二日的當年，軍校學生難得放長假，每

週只能休週日，從上午8點到晚上9點鐘，預校一年級進校時，我們都很「聽話」的將用不到的便服寄回家，假日只能穿著軍服（學校的制服）在街上亂逛，看電影、逛書店是最平常的，「把馬子」是稍微刺激點的，有些同學則是穿著軍服在當年高雄的大統、大新百貨亂逛，來自金門、馬祖的同學享受著「電扶梯初體驗」，甚至留下了許多櫃姐的住址、電話，並且打賭，看誰能追上。有住址的，週一開始的晚自習就不會那麼無聊了。

從高雄的地下街、百貨公司、電影院，一直到旗津的渡輪，留下許多遊子的蹤跡，而溫暖的家在幾百公里外，週日回不了家，還是有著許多遺憾。高一的我們能不想家嗎？想起媽媽做的菜，口水只能往肚裡吞，最後發現去南部同學家最好玩，於是從左營的眷村，一直到岡山、屏東的眷村，甚至六龜山上的同學家，都成了假日大冒險的去處。由於眷村的同學熟識村子裡的三軍官校學長，他們一下子又變得好親切，告訴我們讀軍校有什麼祕訣，更重要的是可以享用眷村媽媽所做的美食，

吃在嘴裡，溫暖在心裡。

有一次放假前，蛋（呆鳥）告訴我禮拜天可以去「新約教會」做禮拜，於是跟著他去看看，從9點到12點鐘，不停的說《聖經》上的道理、禱告、唱詩，終於熬到吃完午餐才結束，對於自幼上天主堂的我而言，簡直是一種煎熬。後來的假日選擇和信天主教的王豈凡一起混，去了幾次聖家堂，還是不斷重複著在街上被學長削的戲碼，最後我們決定找一個沒有學長的地方，做一件大膽的事……

坐了一個多小時公車，來到阿蓮鄉附近的阿公店水庫，真的是一個人都沒有。湖光山色，無比幽靜，在「逢友園」那座公園裡，我們聊了一下午，成為一年級時最好的朋友。但是那天我們買了一包「寶島」香菸，一個人抽了好幾支，正式宣告「長大成人」，最後決定將剩下的丟掉，以免回學校觸犯校規，那是我們這輩子第一次抽菸……

第一次放長假

在學校熬過了漫長的7個禮拜後，終於可以回家探視久違的父母兄姊。經過日復一日的軍校規律生活，中秋節在學校也過得索然無味，考完第一次段考，中正預校果然是不一樣的高中，比起其他的高中生，除了仍然要用功念書外，我們多了疊棉被、整內務、出操、早晚點名、唱歌答數和長官無止境的訓話。

對於一個才15歲的青少年而言，負擔確實重了點；而家住中、北部，甚至東部、外島的同學而言，還有青少年想家的情懷無法紓解。那年的雙十國慶日，確實非常特別。第一次離家這麼久，終於可以放3天假，讓大家都很興奮，在放假那天，根本無心上課，老師也看得出來，只好暫停課程，和大家多聊聊。

「大家要牢記，出了校門，你的身分還是軍人！」

「穿著軍服一定要記得言行舉止！」

「不要忘了收假時間！」

「找不到回學校的路，就打電話給營長或連長！」

營長集合全營實施離營教育，再三叮嚀放假的注意事項，彷彿休3天假，我們身上便維繫了所有黃埔子弟的責任和榮譽。事實上，連上長官早已將放假的訊息通知家長。經過7個禮拜的軍校洗禮，「黃埔精神——犧牲、團結、負責」也早已深植大家心中。

夜裡連長送我們到高雄火車站，來自金門的同學篤咏（利用假期到臺北親戚家）首先發難——好長的汽車（他這輩子沒看過火車！），製造了休假開始的高潮。大家魚貫上車後，發現位子早已被占滿，原來是陸軍預校19期、20期的學長，幫大家先占好了位子。滿懷感激坐在位子上，平快火車在夜裡慢慢前進，發出一陣陣聲響，夜班火車幾乎每站都停。8、9個小時的車程，對我們這群想家的孩子來說，實在是太長了，火車慢慢行走著，腦海中不斷浮現8月23日到學校報到的車程，恍若隔世⋯⋯

在火車上睡著的同學很少，只能你看我、我看你，

沿途不斷有同學下車，彰化、臺中、苗栗……，住終點站基隆的同學最辛苦，必須目送各站的同學下車。好不容易熬到了中壢站，天色已微亮，步出月臺，發現媽媽在出口等我，她說她已等了兩小時。牽著媽媽的手走路回家，一路上訴說著思念之情，已經很久沒有和媽媽說這麼多話了，走過中壢市區，既熟悉又好像很陌生的街道，心裡感動得想大哭一場。

在家的兩天多時間（第三天必須上午去搭車返校）裡，家人一直誇讚我長大了，早上起床也會將被子整理好，吃飯變得安安靜靜，很有水準的樣子，連筷子都會拿了！（唉！那是在學校輔導長處罰的成果——每人發一碗綠豆，將綠豆一顆顆夾入另一個空碗中，反覆演練。）看見爸媽很放心的表情，自己也刻意表現得很乖，這是圓滿的第一次放長假。

收假那天，就讀政大法律系二年級的大哥送我到中壢火車站搭平快車返校（每月薪餉只有600元，只能花90元搭平快車）。火車進站時，車上早已擠得水洩不

通，花了很大力氣才上車，由於大家前胸貼後背，不需用力，就能站在車廂裡。當時心想這下完了，回到鳳山大概已去了半條命，好不容易熬到新竹，忽然有一隻強壯的臂膀拉住我，往車廂中走去，原來是陸軍預校20期的學長。他們原本4個人坐在一起，改為4人輪流坐3個位子，另一個讓給我，在我幼小的心靈裡，真是感到萬分感激。中午賣便當的走過，他們也毫不猶豫，掏出柳牌（百元鈔），請我吃了畢生難忘的一個鐵路便當。這件往事在我心裡很久了，不知道那幾位學長的名字，但還是要在此說聲：謝謝，學長們！

放了幾次假後，同學們研究出一個心得，在火車上遇見陸官的學長就說自己是陸軍的，遇見海官學長就說是海軍的，遇見空官學長……，一定有位子，而且有便當，屢試不爽。

永遠留存在我心中的第一次長假。

澄清湖行軍

從鳳山的中正預校，到鳥松鄉的澄清湖大約是十幾公里，在某一次國定假日裡，營部決定辦一次澄清湖行軍，全營5個連都參加，對於長期關在學校裡的我們來說，無疑是一個大好消息。雖然全程都是走路，也有一種籠中鳥暫時獲得釋放的雀躍。

離開學校，隊職幹部照例要對同學們諄諄訓勉一番，簡直比小朋友遠足活動更慎重。

「行軍的時候，隊伍要保持嚴整，不可打鬧嬉戲。」

「各連幹部，要確實掌握全體同學的狀況。」

「大家一定要注意自己的軍人身分，愛惜榮譽。」

「有沒有不舒服，不想參加的？」（這麼大的部隊集合，誰敢舉手？）

行軍隊伍，按照16～20連的順序依序出發，最初的半小時，各連賣力唱歌答數，顯得朝氣蓬勃，從〈九條

好漢〉、〈我有一枝槍〉，到〈老兵〉，同學們使出渾身解數，引起鄉親朋友佇足觀賞，對這支年輕的隊伍豎起大姆指。道路變窄了，各連分成兩路縱隊，沒有人聊天，果然是紀律嚴明，全營約七百人很有秩序的向澄清湖邁進，老百姓納稅的錢沒有白花，中途休息喝水的時候，才知道各連連長和部分幹部，在兩天前已經先走過一次了，擔任我們的幹部可真是辛苦啊！

午餐的時候，營部幫大家準備了饅頭、雞腿、豆干和滷蛋，如同部隊行軍，沒有製造多餘的垃圾，記得當年就曾聽連長說過〈愛民十大紀律〉，「宿營挖廁所，洗澡避女人……不拿一針一線」，當時覺得很荒謬，現在回想起來，真有它的道理，也是致力環保的表現。

一群十五、六歲的小伙子，穿著卡其色軍服，頭戴船形帽，漫步在澄清湖畔，的確是一幅美好的畫面。那是讀預校第一次踏出校門，雖然澄清湖因數十年未曾前往，早已忘了沿途的景致，但同學們稚氣、活潑的模樣，卻永遠留存在大家心裡。

娃娃兵第一次踏出校門，前往澄清湖行軍

　　同學們在澄清湖分組，飽覽湖畔風光，在預校枯燥的生活裡，也算是很好的調劑和解放，再整隊行軍返校，無聲無息，大家都很乖，七百多人沒有任何狀況。對於年輕小伙子來說，肯吃苦，少抱怨，至少是幹軍人的第一要件，所有的同學都這麼認為。

晨間時光

念中正預校的時候，早上是不能賴床的，在那些年只要值星排長哨音一響，便得立刻起床。疊棉被、穿衣服、刷牙洗臉，10分鐘內樓下集合完畢，做操及晨跑；跑步完畢再利用10分鐘加強內務，之後大家帶著小板凳在一樓周邊的馬路晨讀，夏天5點半起床，冬天則是6點鐘。因此，在預校的晨間時光是朝氣蓬勃的。

還有人起得比我們更早，那就是學校的播音小姐，從起床號開始，便用甜美的聲音向大家問候早安，聊一些年輕人的理想和生活小叮嚀，再穿插一些雄壯的軍歌或優美的英文歌曲，如〈破曉時分〉等。有時候忙著整內務沒注意聽，有時邊跑邊聽校園裡迴盪的廣播聲，也不啻為清晨一大享受。在平時難得看見女生的預校生活裡，播音小姐也是少數同學的暗戀對象，但也僅止於想像而已。

每天跑完步，再坐在板凳上背古文或英文，需要

很強的意志力。大家排排坐在馬路邊，打瞌睡的同學大有人在，最離譜的是有同學躲在廁所睡覺，讓全連找了一個多小時……。連上的幹部，特別是輔導長，常利用早上和同學個別談話，藉著心理輔導，解決同學心中的困惑。日復一日，我們享受著晨光，「一日之計在於晨」、「早起的鳥兒有蟲吃」，相較於一般文學校的高中生，早起搭公車或火車上學，預校學生的確得天獨厚，每天一大早便淨賺了兩個小時。

中興莊的清晨，不同於校外的環境，沒有人賴床，更沒有擾人的喇叭聲與廢排氣，而是清新和充滿活力的清晨，當年的我們雖然無奈，卻是最大受益者。

回憶那年，學校要求大家背誦英文，為了避免假日被留下來輔導，年輕的我相當努力。還記得英文版的〈國父遺囑〉：「For forty years I have devoted myself to the cause of the National Revolution with but one end in view, the elevation of China to a position of freedom and equality among the nation. My experiences during these forty years …」，還有〈麥帥為子祈禱文〉：「Build me a son, O Lord, who will be strong enough to know when he is weak, and brave enough to face himself when he is afraid; one who will be proud and unbending in honest defeat, and humble and gentle in victory …」，這些文章竟然在腦海裡保存了數十年，也見證了預校階段，美好的晨間時光。

小琉球遊記

翻開櫃子裡的老相簿，赫然發現和預校同學一起坐船的畫面。陽光照在一張張稚嫩的臉龐上，顯得青春洋溢，腦海裡浮現了一年級時，難忘的一天——小琉球郊遊。

在一個風光明媚的星期天，連長江萬有上尉為了讓大家調劑身心，看看外面的世界，特地安排了一次小琉球郊遊，親17班的同學三十餘人，加上連上幹部，也特別邀請了班上的國文老師孫楚華、數學老師史轉貞、英文老師關立華、地理老師高新豐一同參加，親17班是連上學業成績最好的一班，能與連長和老師一同出遊，在幼小的心靈裡不禁激發了很高的榮譽感。

當天早餐是鹹稀飯、饅頭、大頭菜等，大家都很聽連長的話，大熱天多吃點鹹的，並且要吃飽，才不會暈船。從學校搭車（忘了是遊覽車還是軍用卡車）到屏東東港，大約需要一個半小時，90分鐘的車程，大家都表

現了「好班」該有的紀律，懂規矩、守秩序，也沒有大聲喧譁，下車後一人發一盒餐點，軍人做事就是要這麼貼心！

東港到小琉球離島，大約是5浬，搭渡輪需時40分鐘，望著海天一色的風光，讓將來準備加入海軍的我們，感到無比慶幸，原來海洋是那般美麗。從小只搭過石門水庫的遊艇，沒搭過其他船隻，更別說是出海，那可是千真萬確的處女航，第一次出海！

小琉球是座美麗的島嶼，在週日班級旅行裡，一群少不更事的小伙子，隨著老師及隊職幹部出海，興奮的心情自然難以言喻。翻閱著老照片，那一張張稚氣的臉龐雖已老去，同學們多半已退伍還鄉，而老師們也失聯多年，但那次旅行卻記憶鮮明。

從空中鳥瞰小琉球，像極了天使遺留下來的大腳印，在臺灣西南海域，永遠閃爍著光芒。這座珊瑚礁所構成的島嶼生態豐富，在40年前未完全開發時，更充滿了樸拙之美，最有名的花瓶岩，像極了一只擺在岸邊的

花瓶，頂部的植物則如同插在花瓶裡的花草。美人洞則是岸邊的天然洞穴，在洞裡可聽源源不絕的浪濤聲，洞外則是碧波萬頃，海天一色的景象。

　　生平頭一次到小琉球，是以步行的方式走遍小琉球各個景點，高新豐老師邊走邊向我們介紹海島地質，真是一堂難忘的戶外教學。其他知名的還有龍蝦洞、望海亭等，每張舊照片都有清楚標示。在那個純樸年代裡，海之邊陲更加純樸，只是印象逐漸模糊，如同照片中的老同學與老師長。

　　在回程的車上，同學們忽然想到一件事⋯⋯

　　「今天的來回車資、餐點、船票，怎麼全部免費？」

　　「聽說連長自掏腰包，全付了！」

　　「哇塞！連長這麼大方，真不簡單！」

　　「聽說他家很有錢，原本就是鐵工廠的小開！」

　　不論連長家境如何，這麼照顧我們這群小老弟，令人敬佩！

　　數學老師史轉貞因為暈船，始終面帶倦容，我們的
江連長對他照顧有加。聽說他正熱烈追求史老師，只是
出門帶了三十幾個電燈泡，未免過於大費周章。當年的
我們太年輕沒搞懂，後來聽說有情人終成眷屬，懷念的
連長與老師，40年沒見了，但這段故事珍藏在我心底。

中興莊夜未眠

中正預校又稱「中興莊」，占地約70公頃，校園遼闊，風景優美。除了進門右手邊的6棟大樓，從中1期同學開始使用外，左手邊的6棟大樓則從中2期進校啟用，中間後方還有兩棟堡壘式建築，經過改建提供後中3期進校使用。校內有4座游泳池、體育館等一應俱全，走在校園寬廣的道路上，清風拂面，兩旁的大王椰子樹搖曳生姿，我們在這麼美好的環境中學習，應該是幸福的一群。

每天上完一整天的課，吃過晚餐，夜就悄悄的來了，從傍晚6點到7點鐘，是同學們每天最自在的時光。當年的我們，喜歡倚著欄杆，看遠處林園工業區的燈火，遠離家園和親友，大男生還是很想家的，半夜裡躲在被子裡哭泣的大有人在，實現理想，需要堅持到底的強烈意志。

對於預校學生而言，晚自習就像正課，必須乖乖坐

在教室裡讀書，大學畢業的預官排長則坐在教室後方的督課桌，監督同學們的晚自習秩序，並輔導大家課業上的問題。利用晚上的兩小時溫習功課，看看自己喜歡的課外讀物、寫家書，時間非常寶貴，平常還好，到了考試前就覺得時間不夠用了，所以每次到了考前，連上長官都會准許我們在晚點名後上教室夜讀到晚上12點鐘。

大家共同的記憶是過了晚上10點鐘，肚子特別餓，所以進教室後一堆人吃泡麵，吃完了泡麵，很多人菸癮就犯了。還記得紀金水輔導長說的話：「真正用功的同學是不需要夜讀的，很多同學以夜讀當藉口，吃碗泡麵、抽根菸，又回寢室睡覺了！」話說的完全沒錯，吃完泡麵，怎麼禁得起周公的召喚，只是求個安心而已，我們在中興莊的夜晚，也算多了一條無法抹滅的回憶。

年過十五、六歲的大男生，對結交異性朋友充滿了好奇心，平時不能外出的我們，寫信成了很重要的交友方式。有位同學同時結交數位女性筆友，應接不暇，到書店買了一本情書大全，東抄西抄，倒也騙了不少女

生。有一次忙中有錯，寫完的信裝錯了信封，結果同時損失兩位筆友，因此，淪為同學的笑柄多年。

這是年少輕狂時期，所玩的無聊遊戲，當然也有非常振作的同學，書櫃裡擺滿了名將傳記，從麥克阿瑟、艾森豪、隆美爾、巴頓等名將一應俱全，頗有立志成為現代名將的架勢，可惜一直到學期結束，那位同學還是很少翻閱，那些傳記最後成了書櫃裡的陳列品。

在預校念書的3年，扣除寒暑假，將近一千個夜晚，在中興莊的教室裡度過，不分季節與晴雨，我們逐漸成長，確實是人生中最彌足珍貴的時光。回憶總是美好的，我們總能在學習中製造許多歡笑，大樓外的大王椰子樹與路燈在40年後的今天，想必依舊堅守崗位，佇立在中興莊的馬路上。

翻閱幾十年來珍藏的家書，「樹兒：你到預校報到已一個多月，就學的情況僅能由書信中得知一二，生活、飲食、起居，可以自行照料嗎？雖然接受軍事化的管理，亦勿忘充實自己的學問，須知學識為軍人成功的

必要條件。數日前余度過70歲生日，你兄姊均代你遙祝為父生日快樂，諸兒女能體會余對你之思念，甚慰！雖相隔數百公里，彷彿你就在身邊，你母親常因思念你的近況而夜不成眠……」

斑駁的家書中，先父的字體蒼勁依舊，只是已天人永隔。年輕時的中興莊夜晚，寫過許多封家書向父母訴說預校的生活學習景況，但也絕口不提生活中的辛苦與抱怨。無盡的思念，是中興莊夜晚的一部分，也值得所有的同學在心裡繼續珍藏……

賽洛瑪颱風

　　預校一年級的規律生活過得很快，兩個學期的課程，也就是高中一年級完成了，考完期末考，終於可以把國文、英文、數學、歷史、地理……丟在一邊，其實聽最多、學最多的，應該還是軍中的事務。如何在一個團隊裡生存？就是要多讚揚別人的優點，隱忍別人的缺點，有機會就傾聽他人的意見，幫助他人時一定全力以赴，不可以在任務或工作中拋棄自己的伙伴……

　　很多事務是在潛移默化中學習的，就讀預校的第一年，我和同學們確實學了很多，在日後的軍旅生涯中獲益匪淺。

　　放暑假的前幾天，來了一個大颱風（民國66年7月的賽洛瑪颱風，直接從臺灣西南部海面撲向本島，造成南部地區重創）。創校初期的預校，除了我們所使用的新大樓外，還有很多木造房屋，校園裡正在大興土木，呈現欣欣向榮的景象。

　　按照原來的規劃，放暑假前大家得在校園裡從事勞動服務，將我們的生活區域整理得更美觀。因應暴風雨來襲，連長規定大家待在寢室待命，不可到戶外活動。一大群同學在三樓的走廊上觀賞暴風雨景象，既然考完試了，又放假在即，心早就回到家裡，誰還在乎要注意些什麼事，我們住在生活大樓裡，基本上是全校最安全的地方。

　　在狂風暴雨中，校園裡飛舞著樹枝、砂石、垃圾，甚至寢室被吹落的紗窗，同學們興奮不已，只見紗窗一片片在風雨中飄著，大家擠在走廊上歡呼聲不斷……

　　醫務所倒了，響起一陣掌聲，「舊的不去、新的不來」，沒有人擔心醫官、護士是否還在裡面。接著勤務連的寢室倒了，在風雨中搖搖晃晃後，剩下一片斷垣殘壁，又響起一陣歡呼，16歲的孩子，真的還是很幼稚，此刻校長一定非常緊張和心痛。

　　民國66年的賽洛瑪颱風，重創高雄，港口及市區一片狼籍，年輕的我們加入協助校園整理，兩天後大致就

緒，由於停水、停電，餐廳只能供應克難方式做出來的冷菜、冷飯，校長同時宣布暑假提前一天開始。

　　背著背包，同學們走在鳳山街頭，心情非常興奮，預校一年級的課業終於結束，那時我們的軍人身分補給證上，級職欄上還寫著「二兵學生」，等暑假結束就升為「一兵學生」，我們再也不是最資淺的學生了，而未來仍有更多的挑戰……

第二篇

青春無悔

新同學

一年級的暑假結束，重新編連，我被分配到二樓的19連親16班。一個連的第4個教授班，通常是成績較差的，但長官的解釋是沒有能力分班，是平均分配，讓成績好的同學帶動成績較差的，藉此提高全校的讀書風氣（用心良苦，但很少人了解）。

升上二年級，進校左手邊的6棟大樓也已蓋好，供中2期的學弟生活與學習。班上來了很多陌生面孔，原來他們都是三軍幼校或預備班降期（留級）的同學，曾聽學長說，預校3年、官校4年，花7年成為中尉軍官是正常的，預校留級便成了8年抗戰，如果官校再留級，便要花9年完成軍官養成教育，也就是「九年國民義務教育」！

民國 66 年的親 16 班

阿草、畢鳥、台傑都是空軍幼校

娃娃兵仕游泳池

最後一期的學生，大條和茶壺則是陸軍預校20期的，海

屏則是海軍預備班71年班的。來了這麼多新同學，班上

熱鬧非凡，成了真正的三軍大融爐，他們的特色是身經

百戰，知道長官心裡在想些什麼，跟著他們打混，往往

能過得比較輕鬆，因此，在一時之間，他們也成了我們

中1期同學的學習對象。

　第一次見到阿草，就覺得他很油條的樣子，談吐就

像在軍隊已經混10年以上的老兵，身上隨時帶著一包菸，總是可以找到地方吞雲吐霧一番。很喜歡聽他說屏東東港大鵬灣（原空軍幼校）的故事，在潟湖中游泳、捉魚，彷彿是人間天堂，讓一開始就被關在預校的我們羨慕不已。

畢鳥是個大帥哥，特點就是很好商量，缺菸的同學找他，一定可以獲得支援。畢鳥每天向大家吹噓空軍的生活多麼精采有趣，相較之下，另一位同是空幼過來的台傑就文靜許多，但是他的游技高超，上游泳課時，我們是自由活動那組（已經游得不錯），親自教我如何從高跳臺躍下，如同海鷗捕魚，後來我們成了無話不談的好朋友。

茶壺（臺語）則是不愛說話的新同學，他從陸軍預校20期過來的時候，抱著一床很特別的棉被，好像被戰車壓過一樣，又硬又薄，早上只要隨便一折，就成了最標準的豆干，時常被打內務優良，但缺點是天冷的時候不保暖，寧可蓋薄被子發抖，他也甘之如飴。（男子漢

大丈夫，幹麼怕冷？）

　　「大條」顧名思義就是什麼都不鳥的意思，這位陸幼降期過來的同學，把學校當戰鬥營，動作最慢，認為他當兵的時間比排長久，所以可以隨心所欲，所以他抽菸被抓的次數最多，也最爆笑。當年預校禮拜天放假，規定穿軍服外出，他突發奇想，換了便服、戴上假髮，走出校門，連長吳康麟上尉好像接獲情資，在校門口堵他，當場被逮，帶回連上禁足，從此以後，「大條」被連長視為頭痛人物。

　　海屏是海軍預備班過來的同學，對於海軍預備生的我而言，無疑是最佳諮詢員，他也盡其所能，將未來去海軍官校的生活、有趣的地方作最詳盡的描繪，比如穿上白軍服，走在路上該是多麼瀟灑，又多麼吸引女生，搭著戰艦，暢遊三洋四海，又是何等快意云云。年輕的我，做了不少白日夢，無限的憧憬之下，告訴自己，日子再難過也要忍耐下去，等進了海軍官校，就是夢想中的天堂了……

　　其他的新同學還有梅標、彥平、狗頭、李培、大新，每天總是趣事和糗事不斷。苦中作樂，是我們這群同學的天分，上二年級短短一個月後，就熟得不得了，宜廣在開學時由於糗事不斷，被同學用諧音取了一個外號「二傻」（臺語發音），更絕的是土匪，專門在課餘捉弄同學，符合他的軍種（空軍）活潑特性。

　　記得一年級在親17班，班上的同學個個大有來頭，有考上建中、雄中、臺南一中不念，來念預校的；也有高中已經念兩年，到預校重新開始的，下課時間仍舊坐在位子上看書，他們的特性就是守規矩和用功。至於我二年級來到的親16班，調皮搗蛋，不用功，花樣一堆，上課和老師談條件，下課一堆人消失（躲著吞雲吐霧），晚自習更好玩了……，活潑和頑皮，展現了年輕該有的活力。

中興莊輕狂實錄

中1期的同學，進校後被編成10個連和40個教授班，其中第1營第5連的愛17班，被公認為全校功課最好的一班，他們畢業後的表現也不同凡響，全班35個人中，產生了9位博士，二十幾位碩士，在軍旅生涯中，更有兩位同學幹到了中將、一位少將，可說是人才輩出，然而這麼優秀的教授班也是笑話一籮筐。

先說班上的六壯士吧！每天上課坐在一起，感情特別好，有一天突發奇想，在寢室邊的儲藏室「搬火山」（喝酒），弄了一些酒菜，在半夜裡狂歡，大家都喝醉了。酒酣耳熱之際，其中一位同學伸腿踢倒了啤酒瓶，發出一陣巨響。

預校的半夜是很寧靜的，那陣轟然巨響喚醒了全營同學，也驚動了連上幹部，6位同學依現行犯被連長逮獲。另一次則是週末晚上，在違規聚會後，原想神不知鬼不覺，由其中一位同學負責，在禮拜天早上偷偷將啤

酒瓶丟入垃圾箱，沒想到提著一袋酒瓶在寢室門口與營長撞個滿懷，當時在寢室的同學只有十餘人，很容易就查出是哪些人幹的。

「誰在寢室喝酒？」

「最好的班都會幹壞事，那其他班是不是要去殺人放火？」

6位同學遭到記過處分，但人生的路途峰迴路轉，其中一位後來成為留美博士，也是中1期首位拿到博士學位的同學，現任某國立大學教授；另一位是美國參大、戰院畢業，也是留美碩士、留英博士，現在是大學教授、智庫研究員、電視節目主持人；還有一位海軍上校艦長幹完退伍後，在企業界做得有聲有色；更有一位陸軍同學說得一口流利的英文，也幹到了中將……

在學校作怪的同學反而成就最高，令人不勝唏噓。六壯士中當然也有軍旅生涯不順的，生活潦倒，淪為卡奴，前幾年還上電視現身說法，道盡人生的悲苦……

當年政戰訓練課程，都會訓練同學們的口語表達，

如何對著部隊講話等，有一位陸軍同學說話非常符合當時的「革命情勢」，因此，常受到連上長官或教官的表揚。

「國難當頭，我們軍校學生要有不怕苦，不怕難的精神！」

「國難當頭，我們不可奢侈浪費，要發揮勤儉建軍、勤儉建國的精神！」

只要將「國難當頭」放在嘴邊，永遠能獲得教官的讚賞和同學們的熱烈掌聲。雖然如此，但私下卻遠赴左營的「金龍皮鞋店」，花了兩個月的薪餉訂做馬靴，讓自己看起來更帥。

當他拎著馬靴回到連上，立刻被同學調侃，這就是「國難當頭靴」嗎？說一套，做一套！由於當年深知國難當頭，必須奮發努力，如今，那位同學在軍中幹得不錯。

一千多位同學裡，必然各有不同的相貌，大部分同學都是一臉年輕稚氣，不過，也有人長得高頭大馬、一

臉老相。在有需要時，長得一副老臉、國語字正腔圓的同學就可派上用場了⋯⋯

有一天，一位別連的同學滿臉愁容，原來是自幼青梅竹馬的女友懷孕了。由於當年民風淳樸，墮胎一定要經過家長同意，為了要讓事情圓滿落幕，又不能讓雙方家長和校方知道（一定會被開除），於是規劃了一次「天衣無縫」的行動⋯⋯

在午夜的時候，那位長相比較老成的同學，從學校翻牆出去，由闖禍同學的哥哥在牆外接應，騎機車直奔醫院。他冒充女生家長，到了婦產科，見了懷孕的女生便是一頓痛心的責罵⋯⋯

「生妳、養妳真是上輩子造的孽！」

「沒處理好永遠不要進家門！」

說完便在同意書上（根本沒看內容）隨便簽了一個假名字，掉頭就走，由同學的哥哥再用機車快速送回學校圍牆邊，再翻牆回寢室睡覺，當作什麼事都沒發生。過了一個星期，與那位同學在球場見面。

「問題解決了嗎？」

「當然，前兩天放假，我還和她同遊曾文水庫。」

替同學兩肋插刀，這是道義，那位同學後來也和青梅竹馬的女友順利結為連理，現已兒孫成群，從空軍退役後轉任民航，生活幸福美滿。這件事當然違反校規，但已過了校規追訴期，40年後可以解密了，但還是要奉勸在校的同學們，循規蹈矩，敦品勵學才是正途。

有一次某同學打籃球時下體不慎遭同學衝撞，流血疼痛不已，到802（現國軍高雄總醫院）求診，醫官說是輸精管剝離，讓它自行癒合就好，但是醫官見他包莖過長，反正既然來了，就幫他做「包皮環切手術」，將下半身用布遮住，只留一個手術用的小洞。剛好有一個護理學校校外教學，一群護校的小女生到手術室，對眼前的景象品頭論足……

那位同學上半身還穿著中正預校制服，尷尬的用手擋住名條，很害羞的完成那次手術，他可能是一千多位同學中，割包皮的第一人。

多年後那位同學參加其他軍種同學的婚禮，新娘說見過他（不同軍種又沒同在一個單位，怎麼見過？）在好奇心驅使下求證到底，發現新娘竟是那天在802醫院校外教學的護校學生之一……

當年學校要求大家寫書法，除了作文，週記用毛筆外，還要大家臨摹柳公權、顏真卿的範本，有一次同學的書法作業本泡水，還被其他同學用腳踩過，老師要求他重寫，否則成績以零分列記。

和排長商量後，只好半夜在教室趕工，一直到午夜3點完成，那位同學在最後一個空格上用毛筆畫了一個黑腳印。

剛好學校為了慶祝校慶，舉辦教學成果展，教育部和國防部的官員在第二天碰巧一起翻閱了那本書法作業，赫然發現那個同學畫的那個黑腳印，讓陪同的校長臉上多了三條線，反而是國防部主持長官出來打圓場。

「這個年紀的同學本來就該活潑調皮！」

「校長不能處分這位有創意的同學。」

　　事後那位同學被請到校部訓斥一番，也忘了有無遭受處分……，目前他已是國內知名戰略專家之一。

　　我的預校同學們，雖然選擇軍人為志業，但也有年少輕狂時期，人不輕狂枉少年！

吾愛吾師

　　預校的課程，除了生活上的軍事管理和一般的軍人基本觀念灌輸外，其他的科目與普通高中一模一樣，只是少了大學聯考的升學壓力。我們和高中生一樣，在二年級區分為自然組（海、空軍和三分之二的陸軍）、社會組（政戰和三分之一的陸軍），預校學生來自全國各地，而且全部住校，生活和學習上的問題，與普通高中生不同，所以老師們都顯得特別有愛心。

　　在讀預校的階段，特別喜歡女老師上課，可以和她們談條件，上課時聊一下軍校生活的辛苦。對於生活中的困惑，她們也像大姐姐一樣容許小男生的撒嬌，發揮女性細心和耐心的特質，指導大家正向思考。數十年過去了，至今還是非常懷念當年的幾位女老師。

　　至於男老師就不一樣了，有些還是很好聊天，大部分是一板一眼，耐心不足，尤其是軍職的（有些老師軍校畢業至民間大學進修，取得教師資格），對我們這群

乳臭未乾的小伙子，簡直極度看不順眼。記得二年級的數學老師黃煥培，上課絕不開玩笑，第一天就在黑板上寫著「黃煥培少校，空軍機校及成大土木系畢業」，要我們這群小伙子罩子放亮點，不可在太歲爺頭上動土。

「我吃了十幾年的軍糧，你們玩什麼把戲我最清楚！」

「不要以為吃了兩年軍糧，就可以玩花樣！」

果然不苟言笑，被黃老師當掉的同學不計其數。另一位同是空軍幼校調過來的化學老師黃活源就活潑多了。雖然同是軍職的少校老師，但由於他是中正理工學院畢業的，反而比文職老師更沒有軍人味道，深獲同學們愛戴。

「今天是禮拜六，中午就要回家抱老婆了，所以今天小考暫停，放你們一馬！我們來研究一下皮蛋的做法。」

「教官不是不夠力，等下次考試讓你們的成績超越親17班！」

　　從此「教官夠力啊！」，成為培德同學和他的特殊對話。另一位生物老師沈榮華，雖是文職，但在軍校待久了，一言一行都像軍人，喜歡在課堂上教導大家做軍人的硬道理，上衣口袋永遠放著一包長壽菸，下課鐘響便叼著一根菸，走回老師休息室，讓抽菸的同學羨慕不已。

　　由於預校學生體力消耗大，有些人上課常常不自覺就睡著了，各種睡姿都有。腰桿打直，眼睛緊閉不動；托腮沉思，但是一直流口水，不斷的點頭，最後上額撞桌子，發出巨響……。最厲害的是坐著不動，兩眼張開，老師喊了幾次都沒回應，只好用粉筆頭伺候。更妙的是，丟粉筆頭神準，從未誤擊沒睡覺的同學，那位老師如果參加手榴彈投擲，一定勇奪冠軍。對於同學們打瞌睡，老師也都輕輕放過。

　　於是，「有人上課的地方就有人睡覺」成了軍校學生上課的定律，從預校到官校的7年觀察，的確如此。

　　三年級教我們數學的李勝利老師，則是一個大好

人，私下同學們都稱他李V老師，V就是勝利，可以帶領
我們完成預校的學業。由於預校學生晚上不能外出，同
學們常託李V老師買東西，舉凡文具、日用品甚至吃的東
西，但違禁品（菸酒）除外。有一次冬健（水蛙）痔瘡
發作，託李V老師買藥。

「老師，晚上可以幫我去藥局買藥嗎？」

「不是有醫務所可以拿藥？」

「我只是屁股痛，吃點藥就好了。幫我帶『正記消
痔丸』吧！」

李V老師的一句「少年得痔大不幸」，引來全班一
陣狂笑，也說明了預校師生的感情遠超過一般高中。當
年除了家住南部的同學外，禮拜天很多人不能回家，好
幾位老師也樂於邀請同學到家裡包餃子，省錢省事，又
能聯繫師生的情誼。於是，一群男生利用週日到老師家
玩，出身眷村的孩子不少，紛紛拿出在家裡跟媽媽學的
各項絕活，擀麵、和餡、做小菜、煮酸辣湯，「革命軍
人除了不會生小孩，其他都要會！」大家在老師家飽餐

一頓，也留下許多美好回憶。

預校一年級時，我曾經代表班級參加全校作文比賽，並榮獲第三名。當時的國文老師孫楚華非常開心，因為得到第二名的同學也是她教的班級，特別送我一本羅家倫的名著《新人生觀》，並且親自簽名，那本書至今還保留在家裡的書櫃中，算是人生中的重要紀念品。

至於二年級的國文科郭莉華老師，則是全校公認氣質最好的大美女。在美麗的老師授課下，大家都特別認真。當時的作文規定用毛筆寫，郭老師也用紅色毛筆字批改，經常評語就寫了一頁，可見批改多麼用心。發作文作業本時，看見老師娟秀的字寫著好評，心情一下子便好了起來。班上有一位同學小黑（來自屏東的原住民），上課不用心，做不雅動作，被郭老師趕到教堂外。他誠心悔過，利用幾天的時間，寫了一篇5千字的文章，描述他在原住民部落成長和工作的經驗，獲郭老師大力讚揚，從此改過自新……

還有英文科的陳家鳳老師、數學老師史轉貞、歷

史老師伍曼卿，從來沒看過她們生氣。總是很有耐心，解決同學們的疑惑，她們也多半是軍人子弟，在軍校教書，大部分都又嫁給了軍人，在國軍的傳承裡，扮演了無法磨滅的重要角色。

《論語》上說：「師者，所以傳道，授業，解惑也」，回憶預校的老師們，他們都做到了。只是時光荏苒，畢業後過數十年仍未能重聚一堂，深感遺憾。吾愛吾校，吾愛吾師！

蚊子電影院

中正預校草創時期，學校沒有大禮堂，全校性的活動幾乎都在司令臺前的大操場舉行。進校幾週後，在大操場舉行了開學典禮，由當年的參謀總長宋長志上將（海軍）主持，在學3年，舉凡週會、閱兵、鼓號樂隊表演，都在那座大操場。一直到畢業典禮，中正堂尚未完工，仍然在大操場舉行，而主持長官還是宋長志上將，所以那座大操場與中1期同學特別有緣。

學校偶爾也會在大操場舉辦露天的晚會，或放電影讓同學們調劑一下課業上的壓力，電影都經過精挑細選，例如《英烈千秋》（張自忠將軍的抗日故事）、《八百壯士》（謝晉元團長死守四行倉庫），用來砥礪預校同學的報國意志。全校的同學帶著自己的小板凳，在操場坐下，前方的白色布幕還會隨風飄動，音響效果也非常差，聲音既聽不清楚，影像也很模糊，還要對付凶猛的蚊子，成了名副其實的「蚊子電影院」。

從進校到畢業，看了很多場電影，但從來沒有「認真」看過一部，在這麼差的條件下，不了解全部劇情是必然的。坐在小板凳上打瞌睡也很辛苦，只好跟旁邊的同學聊聊天，或閉上眼胡思亂想，睜開眼看看天上的星斗。說真的，那時候並不喜歡坐在操場看電影，

中1期開學典禮的剪報

覺得簡直浪費生命，在無聊的長夜裡特別想家。

不少同學在中途私自離席，躲在隱密的地方抽菸，或向值星官報備上廁所，廁所上了一個半小時還沒回來。有一次電影結束，發現地上遺留了好幾張板凳，主

人不知去向，幹部開始追查，逮獲了幾個到教室打拱豬的同學。第二次學乖了，離開時將小板凳一起帶走，但清查人數時還是被發現，可見「邪不勝正」，還好這些行為都算是小瑕疵，都被愛護我們的隊職幹部高高舉起、輕輕放下。連排長對大家的容忍程度，在今天看來，真是具體實踐了「愛的教育」。

當年國軍仍有60萬大軍，各軍種、國防部都有藝工隊的建制，如陸光、海光、藍天、白雪等，以符合慰勞部隊的需要，在各地巡迴表演，預校也不例外。他們使用的音響好多了，又有許多美女在臺上唱唱跳跳，同學們當然開心極了，如同現代的大型演唱會。顧不得操場上的隊形，爭先恐後，拚命擠在最前面，「當兵三年，母豬賽貂蟬」，這句話的確有點道理。直到節目結束，才依依不捨整隊回連上。

記得每次晚會或電影欣賞結束，各連行進間必唱的軍歌是〈夜襲〉，「夜色茫茫，星也無光，只有砲聲，四野迴盪，只有火花，到處飛揚，腳尖著地，手握刀

槍，英勇的弟兄們，挺進在漆黑的原野上……」，在夜間唱這首軍歌，真的很有FU，讓大家在狂歡後，重新找回自己。

「解散後，各員迅速盥洗，20分鐘後床上躺平！」

「明天檢查床單！」

為何在晚會後，第二天上午要檢查床單？大家幾秒鐘後相對發出會心一笑。

「蚊子電影院」雖然克難，但也符合當年克難運動、勤儉建軍的精神，也讓同學們留下廉價但深刻的回憶。

維也納森林歷險

「維也納森林」座落於預校校園後方,不知是何方高手取了這麼浪漫的名稱。想像奧地利維也納的古堡、潔淨的溪流、秋天的楓紅和冬天白雪覆蓋在歐式建築上、屋頂的積雪……,去過的人都覺得風景就像明信片一般美麗。事實上,預校的維也納森林確實很美,清風拂面、樹枝搖曳,徜徉在這裡,能忘掉遠離家庭的遊子心酸感覺,也能擺脫軍校生活忙、緊、累的苦惱。

穿過維也納森林,就是陸軍預校19期學長上課與生活的區域,這群學長從中正預校成立後,就顯得心理不平衡。他們的學校現址被改為中正預校,學校憑空消失了,不像海軍預備班、空軍幼校保留到最後一期畢業為止。被迫穿上中正預校的制服,繡上三年級的名條,中正預校第1期卻是一年級的小老弟……

進校後時就曾經聽過「維也納森林」的恐怖故事。儘管我們的首任校長──孟將軍多次強調,中正預校有

最合理的管教，絕不會發生學長欺侮學弟的事件，也就是沒有學長制！事實卻不然，很多同學到維也納森林去「探險」，都遭到陸軍預校19期學長的整肅，先是威嚇（一群學長圍削學弟），再來是賣老（不服管教的學弟會一路倒楣到官校），最後是加強磨練（體力上的折磨，讓我們銘記在心），當年的他們才高三，其實也很年輕，但部分人的心態，像在外頭混的「老大」。

「告訴你們，我們才是中正預校第1期！穿這身制服畢業的首期！」

「不要以為有校長、隊職官當靠山，你們就是寶，沒有觀念！沒有軍人的樣子！」

「把〈陸海空軍軍人讀訓〉背一遍！」（我才不相信他會背！）

「什麼都不會，先做50個伏地挺身！」

「報告學長，我……」

「我什麼我！你以為你是誰，你我他？豬八戒？蔣光超？」（《你我他》是當年諧星蔣光超主持的搞笑節

目）

　　罰站、做伏地挺身、交互蹲跳是小事，有些同學被罰爬高牆、攀繩過河，還有伏進、爬低絆網等戰鬥動作（他們也沒學過，那是進官校入伍訓練才教的）。或許他們以整學弟為課餘最大樂趣，只要有學弟走過，陸軍預校19期的學長就像一群惡狼撲羊，維也納森林附近，往年陸軍士校遺留的五百障礙教練場、黑水溝全都派上用場。因此，同學們將那裡視為校園裡的「禁區」。

　　有些學長玩過頭了，學弟也哭了，便將學弟帶到他們的教室安撫，請他喝飲料，甚至抽菸……，有一次，連上的同學雷恩（代名）被他們帶到教室，那位同學集合不到，經過其他同學打聽，才知道雷恩被19期學長帶走了。預官排長劉健清決定出面解救自己的學生，到了他們的教室，發現他們個個面目猙獰，也親眼看見雷恩正在抽菸。

　　「老弟心情不好，是我讓他抽的，排長不要處分他！」（還算有道義，竟然偽裝好人）

　　「你以為你是誰，有學長的樣子嗎？先做30個伏地挺身！」（劉排長也懂得下馬威的道理）

　　「報告排長，我們只是在教導學弟！」（做錯事還想找理由？）

　　「要不要處分學弟是我的事，自會斟酌，如果你覺得我不能處理，要請指揮官出面嗎？」

　　那群學長鳥立刻獸散，排長將雷恩帶回連上，好像也沒處分他，這是劉健清排長的英勇故事「搶救雷恩小兵」！雖然被其他的排長嘲笑他驢，但絕對值得，成為同學們眼中的英雄。

　　校園經過多年大規模改建後，「維也納森林」好像也消失了，預校到底有無學長制？在我們的生活區沒有，但到了其他地方，甚至外面的街頭、車站，學長們還是摩拳擦掌，等待著我們這群小羔羊。

修補地球

圓鍬、十字鎬、臉盆是預校階段所使用的三大工具，特別是環境整理和出公差時，雖然是很普通的工具，但長官們都說那是國家發給大家的「裝備」，必須愛惜使用。除了使用後要澈底清潔外，每年的「高級裝備檢查」前，還必須噴漆、擦上一層薄油，讓它們閃亮如新。

預校學生平時摸不到槍枝、刺刀，除了上課的書本外，這三大工具是我們的良師益友，帶著它們在校園內出公差，撿石頭、挖樹洞，幾乎每週都要做好幾次，特別是在長官視導前夕，環境整理是不得不為的工作。有位連長說得好，家裡有客人來訪，打掃乾淨是必要的禮貌，讓草地就是草地，中間沒有小石頭，或將校園裡發現的凹洞補平，同學們戲稱為「修補地球」。

經過一次又一次的努力，我們的生活環境變得綠意盎然。寢室與教室大樓外圍沒有一根多餘的木頭，也

沒有一塊多餘的石頭，所有新種的樹木，都用圓鍬挖成一個個平整、圓滑的樹洞（長官說這樣便於澆水，但印象中只有預校這麼挖），井然有序，一片欣欣向榮的景象。如果每次下午體能活動暫停，集合「修補地球」，大家就知道第二天又有大官要來視察了。

週日被禁足的同學也是一樣，值星官會找一塊地，用半天的時間，讓那片空地只剩泥土和草皮。所有的垃圾、石頭和雜物都清乾淨，同學邊做邊在心裡辱罵著，剛好那時候電視常播出大陸同胞受苦受難的故事，幾個人邊做邊唱「滔滔赤禍、滾滾洪流，一片腥風血雨，瀰漫了華夏神州……」。

唱歌的結果是禁足半天延長為一天，下午繼續罰勞役。一群同學下午更頑皮了，發現蟋蟀洞，玩起了灌蟋蟀的遊戲，正當大家圍在一起鬥蟋蟀時，督導的排長來了，結果當然更慘，下個禮拜天繼續！

經過多次的公差和室外勤務，其實同學們學了很多，包括怎麼照料新種的小樹、怎麼分配工作和收工

前的檢查，對於年輕的我們是一種磨練，以後到部隊帶兵，也需要這些基本能力。

　　預校學生不光是念書而已，更學習在團體中生活，如何領導一個團體，要會做事。所以我們不但沒有「媽寶」，更比還沒脫離家庭的高中生強多了。至於選擇海、空軍的同學為何也要一起「修補地球」，當時年幼的我還沒搞懂。

戒菸班

吸菸是不好的行為，人人皆知，長期吸菸會引發肺氣腫、肺癌、心臟血管疾病……，並不是近期的醫學研究才知道，在40年前的我們就讀預校的時候就已經是常識了。但吸菸的行為，對幾十年前的年輕人而言，是成熟、穩重的代表。當年的軍人薪餉很低，為了「照顧」軍人，部隊裡還發軍菸，例如「國光」、「八一四」（空軍發的菸），後來在黃色的長壽菸盒上印著「軍用香菸、嚴禁轉售」，這個制度在我還是尉官的時候就停了。還好海軍沒有發行自己的香菸，「董氏基金會」應該頒個獎給海軍。

我們進預校的年代，年輕人吸菸的比例比現在高。十五、六歲的孩子，可能從進校前就會了，學校內當然嚴禁吸菸，連上的隊職幹部也都非常努力抓同學們吸菸，用盡各種手段及方法，希望能嚇阻吸菸的不良風氣，但年經人總是有樣學樣，吸菸的人口，一直到畢業

都難以下降。

由於隊職幹部在部隊前三令五申，同學們不得在校內吸菸，有這項不良習慣的同學只能轉入地下化。躲在廁所內是最平常的，但菸味難消，許多癮君子因此被隊職幹部查獲，罰站、禁足是最平常的處分，很少人受到申誡或記過處分，主要是長官們用心良苦，不願讓這件小事影響同學們的前途。

在儲藏室也很常見，有時候關上門就神不知鬼不覺，但菸味常飄出窗外，又飄進連長的房間……，不但如此，有位連長（忘了是哪位）夜裡拿著望遠鏡觀察，站在對面的高處看看哪間儲藏室出現吸菸時菸頭的紅色火光。不過「道高一尺，魔高一丈」，吸菸的同學從此習慣用手擋住菸頭。

廁所內的管道間是「最穩」的，菸味不會四處飄散，抽完菸順手一丟，又可消滅證據。有一次一樓的18連何四剛連長檢查廁所清潔，打開管道間，菸蒂掉滿地面，旁邊寢室有吸菸「前科」的同學又過了倒楣的一

天。用現代科學的眼光來看，一樓管道間菸蒂溢出來，多半是二樓的19連和三樓的20連同學幹的，他們抽完菸隨手一丟，就到了一樓管道相通的18連，18連的同學真無辜。

有一次廁所的管道間突然失火，原因不明。據可靠消息是有同學因好奇心驅使，從化學實驗室拿了一瓶揮發性氣體，藏在管道間準備有空時研究，結果有人在管道間吸菸引發火災。但事件過了40年，再也無法查證。

那次的火災也有「好人好事」，4營對面是1營寢室，管道間失火時，他們在對面比手劃腳半天，4營的同學還是看不懂，最後才發現屋頂冒著濃煙。兆儀同學提著泡沫滅火器，從三樓衝到二樓，卻找不到火源，但已吸入大量濃煙。據其他同學轉述，他在學校一直忍住不昏倒（當年學校沒有小護士），否則他的初吻就要獻給醫務所的老班長了，所以他一直忍到802醫院才昏倒。兆儀因此被記了大功，對預校學生而言，他獲得了至高榮譽。

　　當香菸缺貨時，聽說有同學潛入老師休息室，偷教官的菸，由於次數太頻繁，教官在菸盒裡放了一張紙條「不要太過分了！」。還有一位臺大化研所畢業的蘇排長，深信「以德服人」的道理，在寢室外的窗檯上擺了一包國光菸，希望同學們都能珍惜榮譽，永遠沒人去拿。結果去拿的人不少，一包菸在半天內一定被拿光，足可印證「菸癮勝於道德」。

　　記得預校二年級的連長吳康麟上尉，是最積極取締同學吸菸的長官，下課、晚上休閒時間、假日，甚至深夜都可見他四處巡視。如果他是警察，一定榮獲破案率最高的長官，但他的出發點是良善的，循循善誘，希望同學們遵守校規，將心思用在課業上。當年吸菸的同學應該已經轉念，要好好感謝愛護大家的老長官。

　　當罰站、禁足、寫悔過書都失效的時候，吳連長只好成立「戒菸班」，限制吸菸同學的行動，每節下課、晚上盥洗時間（只留10分鐘），一律到連長室門口罰站，或帶著小板凳集中研讀，所有的休息時間都被限制

了。但是調皮的同學們在戒菸班還是打打鬧鬧，大家雖然從此知道「生命誠可貴、愛情價更高、若為自由故、兩者皆可拋」的大道理，但也沒發現戒菸成功的案例。

　　前科累累的同學，例如賓果和洋人，被連長要求寫了一封悔過書，大概的內容是他們在校不守規矩、有吸菸的壞習慣、對不起父母的養育和國家的栽培，如果再執迷不悟，可能會遭學校開除……。這封悔過書寫完後，交給連長轉寄家長，他們的心情極度緊張，如果父母收到這封信，將會多麼難過與生氣，對於一個高中生而言，已經超過他所能承擔的壓力。

　　前陣子颱風過後，臺北街頭的「彎腰郵筒」引來不少話題，國人爭相拍照留念。在當年的預校更勁爆，有一天校園裡的郵筒被爆破了一個大洞，沒有人知道是誰幹的，有心人士還拍照留念。預校學生不可能有這個本事，在郵筒外貼塑膠炸藥並引爆，或許要畢業受過海軍爆破訓練及陸軍工兵的障礙物排除才可能。但年代已久遠，究竟是誰幹的，現在也無法追查。至於寫悔過書

同學的家長，其實沒收到悔過書，莫非是連長根本沒寄出？連長參加多年後的同學會被問起時，只說他早就忘了。這些疑團，都已沉入歷史的追憶中，這就是預校當年有名的「郵筒爆破事件」。

曾與轉任軍訓教官、擔任過私立中學生活輔導組組長的同學聊起，私立高中吸菸的人口也不少，教官們每天有一項很重要的工作——每天一早在校園的角落撿菸頭……

「你以為軍訓教官在學校很威風？大錯特錯！」

「教官不是抓到學生抽菸，送他一支小過就好了！」

「每天到校上班，先去各處撿菸頭，還要趁學生沒看見的時候！」

「否則校長巡視校園，發現一堆菸頭，就要怪罪給學校的教官，怎麼管的？」

「蛤？……」

當年的預校同學現年都已55歲以上，為了健康的理

由，大部分吸菸的同學早已戒菸。不論當年是否有吸菸習慣，同學們想起「戒菸班」、「郵筒爆破事件」，都算是成長過程中的記憶，歷久彌新。

搭夜車

　　三十幾年前讀軍校的人，都有很多搭夜車的經驗，由於三軍官校、中正預校都設在南部，家住北部的同學，除了必預忍受長期離家在外的辛苦外，每次放長假返家省親，還有一段長途跋涉……

　　預校學生每個月有國家發的零用錢（薪餉），記得進校的時候是600元，三年級時調整為800元，每個月強迫存200元，所以回家只能搭火車，而且是平快車（高雄到臺北90元）。反正年輕人的精力無窮，傍晚放假後先去大吃一頓，或看場電影，再到高雄火車站搭晚上11或12點鐘的平快夜車，回到桃園或臺北車站時，天也亮了，再開始假期的活動，享受難得的自由。一天當兩天用，如同出籠的小鳥，充滿快樂氣息。

　　記得讀一年級時，大家都非常老實，上了火車，正襟危坐，因為車上有很多學長，只能望著火車外朦朧的夜景。想著要回家了，又興奮得睡不著，柳營、林鳳

營、新營……幾乎每站都停，心想哪來這麼多營？火車再開過二水、田中、花壇，好不容易到了彰化，車程還不到一半。俊民家位基隆和平島，臺灣的最北端，雞仔住在宜蘭羅東，同在一班火車上，下車還要轉車再坐兩小時，真是一段遙遠的歸鄉路。

升上二年級後，大家學聰明了，4個要好的同學湊成一組，記得當時同住中壢的有國光、振國、羅肥和我，約好4個人一起坐，帶著當年流行的007硬殼手提箱，將座椅轉成對坐，手提箱放在腿上打一夜的橋牌、拱豬並且記分。最輸的同學下車後請吃早餐，一個晚上很容易就打發了。下車後還有一項重要工作，在中壢火車站售票口排隊，從5點鐘開始排隊，等7點鐘開始售票，買幾天後收假要搭回南下對號快車票，最後心滿意足，各自回家。

永遠記得當年大家的牌技都很高超，能分析同學手上的牌，相互鬥智。有一次長假後要考段考，大家也不在乎，休假第一，在車上溫習功課，不像是預校學生的正常表現。大家在車上玩累了，全部睡著，一起坐過頭

也是常發生的事，眼睛張開，赫然發現板橋到了，只好一起到對面月臺改搭南下的列車回家。

夜車上的各種睡姿都看過，坐在椅子上小憩是正常的乘客，有人用硬紙板鋪在地上睡覺，無論何種睡姿，都很難獲得一夜好眠。夏天沒冷氣的車廂悶熱不堪，又不能關燈，好不容易睡著了，還會被列車長搖醒查票。也有同學換了便服，躺在上面的行李架上，天氣太熱又脫掉上衣，沒想到內衣上的預校校徽露出來，遭乘客向校部反映，回學校遭到營長嚴厲指責。

「革命軍人的臉都被你丟光了！」

「沒坐過火車嗎？」

回家的旅途是一段又一段的辛苦過程，一直到快畢業前，中山高速公路終於全線通車，才有臺北到高雄的國光號（灰狗巴士），或從中壢到高雄的中興號，時間省了一半。南北趕車了幾十年，常坐在飛快的高鐵上，回想搭夜車的年輕往事。不論搭乘何種交通工具，回家的路途總是讓人感到溫馨無比。

海鷗社團

中正預校第 1 期社團徽章

預校和一般的高中一樣，成立了很多社團，供學生參加。當年的週六上午照常上課，下午就是社團活動時間。有全國聞名的鼓號樂隊、各種球類和運動社團，也有舞蹈社、國樂社、跆拳隊等特殊技藝社團，還有一些靜態的團體，由志同道合的同學們一起學習，也讓大家都能擁有充實而愉快的週末。

最熱門的社團當然是鼓號樂隊，報到後依身高分配樂器，中音琴、大鼓當然是身高最高的同學，小號及小鼓是由身材中等的同學操作。當年的我被分配到小號，前面幾個禮拜幾乎都在罰站、練儀態，後來終於拿到了小號，五線譜看不懂就算了，號音也吹不好，最後被陸軍預校20期的學長刷掉，從此離開了鼓號樂隊。

轉到文藝寫作社後，覺得那個社團只是每週再上

　　兩堂作文課。通常輔導老師會先訂個題目,然後每人發兩張稿紙,讓我們自由發揮,整個週六下午顯得索然無味。經過打聽,週六下午不到社團也沒關係,可以四處遊蕩、逛福利社、在教室看自己的書,那就是同學們口耳相傳的「海鷗社」。

　　彥平參加社團的經歷也差不多,先到舞蹈社,原以為是跳年輕人最愛的「Disco」,沒想到是土風舞,在興趣不合下,轉到溜冰社,又因要花錢買溜冰鞋而作罷,最後也淪為「海鷗社」的成員。

預校生活照

　　很多社團是採取菁英制，寧缺勿濫。一千多位同學讓各社團都有選秀空間，其他人就形成了沒人管的一群。愈來愈多同學成為「海鷗社」的成員，乖一點的同學還好，會留在教室看書，或寢室裡聊天，至於頑皮一點的，會到處躲著抽菸。當時也發生了幾件同學打架的事件，16連的連長林政君上尉，讓打架的兩位同學脫光衣服，在浴室裡相互用右腳踩著對方的左腳，跳一小時的華爾滋，以消彌仇恨。據說那兩位同學最後成為好朋友，這輩子再也不打架，可見林連長的方法非常有效。

　　預校西南側的老師宿舍未蓋好前，是一大片甘蔗田，臺糖公司釋出土地後就沒人管理，但裡面還有很多製糖用的白甘蔗，質地較硬但甜度很高。很多同學週六下午都在裡面混，啃甘蔗、抽菸……等，有人建議升火烤甘蔗，看看是否更美味，於是引發了一場大火，熊熊的火光在甘蔗田裡跳躍，煙霧瀰漫了整個校園。闖禍的同學早就逃回連上，雖然消防隊在幾小時後撲滅了大火，但校方始終查不出來是什麼原因釀成火災，只能用

「天乾物燥」來結案,而「烤甘蔗」的舉動,很多同學相信是真的。

海鷗在海上、天際飛翔、自由自在,每週六下午,「海鷗社」打混的同學愈來愈多,終於讓校長接獲情資,決定來一次大掃蕩,集合那些沒事幹的同學刷牆壁、掃廁所,再給大家一次選擇社團的機會,大家才又回到自己該參加的社團活動。

到了二、三年級,很多社團都已練出成果,那支全國最龐大的鼓號樂隊,到處表演,甚至參加國慶日的大遊行,為學校爭取了很高的榮譽。還有跆拳隊、劍道社,也都在師長的指導下,屢創佳績,成為菁英中的菁英。至於曾經在「海鷗社團」打混的我,雖然又回到文藝寫作社,但最終沒有任何成效,只留下一些有趣的回憶。

威震八方的鼓號樂隊

預校有很多社團,從靜態的寫作、書法、音樂社團,動態的跆拳、劍道到各類運動社團都有,但最能震撼人心、引起眾人圍觀的,當屬赫赫有名的鼓號樂隊了。

鼓號樂隊校內訓練情形

中1期有兩個學生營,預校一年級進校不久,便由各營各自成立了一支鼓號樂隊,同學們都以能加入鼓號樂隊為榮。嚴格的選員,淘汰部分對音樂缺乏天分的同學後,在每天的第8堂課和周末下午,讓校園保持著鑼鼓喧天的熱鬧氣氛。

當年同學們組成鼓號樂隊後,是由陸軍預校19期的學長指導,他們也毫不保留,希望能延續這項優良的傳統。而校方還請來了空軍幼校和海軍官校的學長到校指導,所以中1期的鼓號樂隊,融合了三軍不同鼓號樂隊的

優點。中鼓的高度就是依照空軍幼校學長的建議，掛得特別低，也別有精神，據說中1期的72人大型鼓號樂隊成立後，很快便將原陸軍第一士校的鼓號樂隊比下去，成為名聞遐邇的一支隊伍，對於國軍形象或人才招募產生很大的助益。

曾經擔任預校3年和海軍官校鼓號樂隊隊長的茆燕信同學表示，所有的表演隊形和歌曲，都是熱心同學不斷研發的成果，包括著名的〈雷神戰歌〉和各國有名的進行曲，當然也少不了〈陸軍軍歌〉和國內著名的進行曲；隊形則有V字、中正、同心圓、雙十、梅花等隊形。在悠揚的進行曲中不斷變換隊形，確能振奮人心，讓節慶和各項典禮增色不少，例如有名的〈鐵騎兵進行曲〉，在號聲與鼓聲的搭配下，校園裡的師生彷彿一下子都振作了精神，打起精

中正預校鼓號樂隊雙十隊形

神面對充滿挑戰的一天。所以中1期的鼓號樂隊，不只是隊員們的記憶，也是當年全校官師生的共同過往。

　　當年的隊形編排都是群策群力，發揮集體智慧的成果。有一天晚上，同學們在第4營的樂器室排隊形，大概有人覺得他們太辛苦了，塞了一條軍用香菸，大家都很佩服隊長茆同學的魄力，當晚都靠那條菸！第二天清晨，周校長走進樂器室與一身菸味的同學們聊天，還誇讚他們是學校的英雄，這件往事，讓當年的鼓號樂隊隊長內疚了幾十年。

　　雖然鼓號樂隊的同學們練習過程非常辛苦，但大家秉持「犧牲、奉獻、榮譽」的信念下，為學校及中1期全體同學爭得了不少面子，也留下最美好的回憶。小時候常聽說「韶光易逝」，求學的階段常常不知不覺就過去了，年逾半百，坐五望六的我們，想起那段號聲悠揚、鼓聲動人的日子，心彷彿還停留在中興莊上。中1期兩個營的鼓號樂隊，在路邊對陣的場景已不復見，「歲月如梭」才是同學們最深的感慨。

　　最近聽說部分同學在中正紀念堂的廣場，自動組成
了「懷舊鼓號樂隊」，年逾半百的他們，還能演出當年
的八分味道，令人讚賞！如同退伍戰隊儀隊隊員、憲兵
機車連成員組成的社團，最大的動力便是難忘往日的榮
耀，榮譽在大家的心裡，永遠不會褪色。

眷村小館

　　民國六十幾年的高雄縣市，駐紮了數量龐大的部隊，除了三軍官校、陸軍步兵學校、中正預校都在高雄地區外，更有數不清的眷村座落在那裡。鳳山附近有黃埔一村、二村、工協新村，左營有自治、果貿、建業新村，岡山有成功、勵志新村……，這麼多軍人和眷屬住在那些村子裡，成員來自大江南北，也發展了許多特殊文化。

　　早期軍人的待遇並不好，軍人又常常不在家，眷村媽媽為了應付食指浩繁的家庭需求，發展了許多美食，其中以北方麵食為主流，以及川、湘口味的菜餚，甚至雲南、貴州的特殊米食都有。也有很多家庭為了賺些外快，補貼生活開銷，在村子裡開起了小店，由於口味特殊，發展成別有風味的眷村美食文化。

　　由於從小住在中壢，較少與眷村子弟接觸，對於家裡附近的陸光六村、光華新村僅知大概。進了預校之

後，同學中有一半是眷村子弟，才知道眷村裡有許多寶貴的美食，值得嘗試。通常是一個簡單的爐灶，搭配幾張木製的桌椅，頂多天花板上加兩座吊扇，讓食物的香味，瀰漫在眷村市場，巷弄之間。

預校時期的假日，常有機會或特地到眷村內探險，體會裡面的人情，聽眷村伯伯、阿姨訴說戰亂遷徙的大時代故事。還有一個重點，便是品嚐味道特殊的眷村口味。經常一張蔥油餅、一碗小米粥，就感到心滿意足。記得以前到鳳山的成功新村去玩，只要一碗榨菜肉絲麵加蛋，再搭配眷村媽媽的特製辣椒醬，便使人精神振奮一整天。

鳳山的中山東路上，以前有一家小館子「吳抄手麵館」，常在週日收假前，趕去吃一碗牛肉湯麵，坐定後喊一聲「湯麵帶紅」，一碗又香又辣的麵便放在眼前，然後帶著滿足的心情返校。多年後曾特地前往找尋，只見馬路已拓寬，小店早已不知去向，令人惋惜與懷念。

民國68年就讀海軍官校後，左營眷村成了假日探險

的新寶地。轉眼已過了數十年，不論是全臺灣各地，所見的景象都相當類似，不論是「阿婆乾麵」、「克難小吃店」……，都令人回味無窮。

　　很多年沒經過預校附近的王生明路了，那裡原本也是眷村，但中間開了一條大馬路。以前讀預校時，到月底口袋沒錢了，到王生明路小館子點一個饅頭和一碗酸辣湯，只花15元，便飽餐一頓，同行的同學國光發現老闆放在桌上的醃辣椒好吃，兩人吃了一整罐，下禮拜再去又比照辦理，老闆不以為意，直說「小伙子！多吃點！」

　　經過多年的眷村改建，如今大部分的眷村都消失了，取而代之的是高樓大廈，老兵逐漸凋零，眷村小館也都煙消雲散，令人格外懷念當年雞犬相聞，噓寒問暖的眷村人情味。雖然少數的小館移出成為正式店面，但終究少了眷村裡簡陋桌椅拼成小店的古樸氣氛。眷村將是四、五年級中年人，尤其是軍人無法磨滅的回憶。

　　近年偶爾會在臺北有名的「村子口」、「忠南飯

館」或左營的「朱家小館」打打牙祭，發現很多菜色與
年輕就讀預校時的口味相近，甜味較少，但嗆辣夠勁。
令我想起軍校時期廚房的老班長，一盤粉蒸肉、一碗
黃豆燒肉，或許在外人看來沒什麼，卻是我們念預校時
期，朝思暮想的美味。

　　我的預校生活，不但讓我的思想觀念更像軍人，
也讓我的飲食習慣與老兵、眷村同化。那是融會大江南
北，許多人思念故鄉、用味覺撫平痛覺的美味佳餚。

黃埔子弟

「黃埔的同學，前進前進，我們大家一條心，踏著先烈血跡走勝利路，為革命奮鬥和犧牲……」這首〈黃埔的同學〉是陸軍官校學生部隊行進間，所唱的經典軍歌，我們則是從預校一年級開始唱，從潛移默化中，認同自己是黃埔子弟，是這個大家庭的一分子。

陸軍軍官學校是一所融合國家艱苦與成長、走過戰亂世紀的軍校，民國13年6月16日成立於廣東省黃埔，因此，「黃埔子弟」顧名思義，所指的便是陸官學生與校友。

歷史上的黃埔子弟，擔負著國家興亡重任；現代的黃埔子弟，保障著國家安全。從我們進預校開始，師長們便再三灌輸我們，身為黃埔子弟的驕傲，三軍同根同源、如兄如弟、如手如足，要力行實踐黃埔精神「犧牲、團結、負責」。到了預校三年級，終於了解為什麼預校的校歌，改成了黃埔校歌，將重責大任放在大家的

肩上。

　　預校成立後，將陸軍預校、海軍預備班、空軍幼校合併在一起，也讓大家一起成長，一起學習。在預校畢業後又一塊在陸軍官校接受入伍教育，畢業前又重新相聚，在政戰學校接受反共復國教育。所以我們中1期同學的感情特別好，同學們分布在陸、海、空軍各級部隊，等到年歲漸長，有機會到國防部服務，經常遇見友軍的同學，在工作上相互協助，不得不佩服當年創校的遠見。現代的戰爭或保衛國家安全工作，都屬於三軍聯合的型態，而三軍聯合作戰，從我們十五、六歲就開始了。

　　念預校的第二年6月，我們以黃埔小老弟的身分參加了陸軍官校校慶活動，當年的校慶活動，並不是園遊會或趣味競賽，而是很嚴肅的閱兵分列式。

　　從5月初開始，我們就不斷練習，如何在嚴整的部隊中保持不動，在鳳山的豔陽照射下，汗水從大盤中滴下，進入眼睛、嘴巴，還是不能動，預校學生是不拿槍

嚴前總統校閱學生部隊

的，只參加閱兵，不參加分列式，所以訓練的重點就是「罰站」，頂多是大閱官車經過時的敬禮動作。

「聞敬禮口令，舉手敬禮，收下顎，手掌朝下。」

「目迎不目送，雙眼凝視前方。」

連長高舉著拳頭從隊伍前走過，代表大閱官，讓大家練習「目迎不目送」的單調動作，一遍又一遍，汗水

也溼透了我們的上衣，當年的我們的確很聽話，也將這些動作熟練到整齊劃一的程度。

從練習、現地預演到正式的校慶典禮，大家苦練了一個多月，不敢抱怨，雖然從預校整隊到陸軍官校，走了半個多小時，再花兩個小時預演，走回預校，耗費三個多小時。記得大家的體力都很好，在酷暑下訓練，好像也沒喝水、上廁所，卻沒有人暈倒或中暑，可見我們訓練有素。

從一年級到三年級，每年都到陸軍官校參加校慶（埔光演習）。旌旗飛揚，心情感動萬分，當年的我們，以身為黃埔子弟為榮，熬過預校這3年，我們就能帶步槍，到三軍官校的行列裡，參加分列式，以踢正步的方式通過閱兵臺，展現我們雄壯威武的氣息。對於身為預校學生的我們，內心存在這分榮譽感。

畢業多年後，重新回憶這些歷史片段，想起陸軍官校大操場周邊的標語「發揚黃埔精神」。檢視我在軍旅生涯中所重新相遇的三軍同學，只要努力工作，珍惜軍

人榮譽，就無愧於那幅標語，黃埔子弟的榮譽，早已深

植大家心中。

第三篇

雛鷹展翅

我們這一班

升上預校三年級，同學們都比兩年前進校時成熟許多，在學校開始有了「學長」的樣子，言行舉止更像一個軍人。在路上遇見一、二年級的學弟，可以糾正他們的敬禮動作，假日走在馬路上，也知道如何和三軍官校的學長應對進退，因此我們在校外也很少受到官校學長糾正。一早起床，疊棉被、整內務也格外得心應手。換句話說，我們成了學校裡的「老油條」。

三年級開學的時候，我又從19連的親16班，調到17連的親8班，吳康麟連長特別集合全連「歡送」我們。

「這次調連的十幾個人，雖然不是最優秀的，但至少沒有補考！」（事實上，這十幾個人都不是連長喜歡的）

「到了其他連上，別忘了常常回到連上看連長。」（好有感情）

到了17連親八班，發現都是新的面孔，預校3年待了3個連，才發現自己是最幸運的，可以從3位連長不同的

領導風格，學習領導統御的方法，也可以認識更多的同學，中1期一千多位同學，不可能全都認識，至少同連的一百多人可以從一起生活、學習中熟識，待3個連，認識三百多人，也算是很大的收穫。

親8班一共有33位同學，其中以空軍18人最多，陸軍8人，海軍5人，還有1位陸戰隊。選空軍的同學大部分都很開朗活潑，所以他們主導了班上的風氣，由於他們都期待將來成為翱翔天際的飛將軍，所以雖然調皮，但又很團結，在很多表現上讓連長刮目相看。陸、海軍的同學在校磨練兩年後，也懂得相互照顧的道理，中正預校「三軍一家，如手如足」的創校精神，在我們三年級時，已經明顯看出很大的成效。

我們的連長蘇建程是陸軍砲兵上尉，下達命令簡單明瞭，絕不拖泥帶水，並且很明確的告訴大家他的目標是什麼，也能帶動連隊的士氣提升。在他身上，我們都學習了很多做事的方法，他是視兵如手足、身先士卒的好長官，難怪當年很多評比都是第一，包括各連的學業

成績評比、越野賽跑等，讓大家都以17連為榮。

「親8班表現良好，我們全連就會超越別人！」

「親8班只要功課進步，我們就是最強的一個連！」

蘇連長告訴我們的話，讓親8班的同學，力爭上游。預官排長王筠少尉，也非常積極輔導我們的數學、物理課程，班上同學更努力相互切磋。因此，我們的段考成績，甚至超越了親6班及親7班（連上的另一個親5班是社會組），全班33位同學也全數順利畢業，直升三軍官校。屬於親8班的驕傲往事，如今還清楚記在我腦海裡。

親8班的同學們，是抗壓能力強，能苦中作樂的一群，老蒯（本興）是鼓號樂隊的大鼓手，也是校旗的護旗兵，由於又高又壯，體格好，站在官校學長旁邊毫不遜色，所以在黃埔校慶的聯合旗隊中，他能與三軍官校的護旗兵站在一起。

民國 67 年的親 8 班

腳仔（唸臺語）一鋒表面散漫，但內心卻很善良，喜歡在班上製造笑料。他心

親 8 班的英雄好漢

煩的時候，在寢室來一曲「第一次遇見了妳，就在那片青草地，妳躺在草地上面，對我笑嘻嘻，我問妳，到底為什麼，妳說妳已愛～上了我，嘿！＊％＃＠＄……」歌曲很粗俗，但很好笑。我也不清楚，為什麼38年後我還記得。老蒯從空軍官校的雷虎小組（特技飛行教官）退伍後，成為華航機師，現在是資深機長。腳仔也擔任了二十幾年的飛行員，曾任IDF經國號戰機的試飛官（最高等級的飛行官），優異的表現不在話下。

　　水蛙（冬健）、My Ball（本昌）、小白（永偉）、雷胖（國宏）是幾位陸軍的同學，由於將來念陸軍官校可能會比較苦，他們有了心理準備，也樂於助人。記得那年我得了肺炎，高燒難退，從802醫院急診室回到連上，都是水蛙同學照顧我，不但幫我打三餐飯菜，胃口不好時，還到福利社買吃的東西讓我早點恢復健康。每天笑口常開的他，或許早已忘記，在38年後的今天，還是要對他表達謝意！

　　麻雀（海鵬）是和我很要好的同學，預校時個子很小，到了官校有人將他的外號升級為「海鳥」。在空軍的官途順利，曾經擔任幻象2000戰機的飛行官，最後升了少將。以前常到他住於屏東六塊厝眷村的家玩，藉著他媽媽的拿手菜取得一日的溫暖，至今仍非常懷念。大力士（勝凱）也是本班的奇人之一，在預校有如大力水手，吃了菠菜，拚命長高長大，所以大家稱他為「大力士」，他也晉升了少將，連同我，全班有3人升少將，在當年預校各班的比例算是很高的。

　　預校學生從每天晚上10點到早上6點鐘，要站1小時的衛兵，全連一百多位同學輪流，所以大約是每20天一次。有一位空軍同學振中非常負責盡職，不論排幾點鐘的衛兵，有沒有人喚醒他，一定會起床履行責任；另一位空軍同學啟華（現為國際航線資深機長），特別喜歡排在他前一班，即使衛兵脫班（他沒起床），第二天還是船過水無痕，直說賺到了，眉飛色舞。

　　該用功的時候用功，該玩的時機絕不放過。活潑好動、調皮多花樣，就是我們這一班同學的特性。當各班要實施評比時，大家又很團結，爭取佳績，所以連長和其他隊職幹部都能容忍我們的調皮。班上同學在軍旅生涯中，產生了十餘位飛行員，3位海軍一級艦艦長，有誰能說我們表現不好？鹽巴（忠華）、熙平雖已在任務中失事殉職（空軍飛行員），但他們的身影永遠留在同學們心中。

　　在親8班這一年，我們是快樂的預校學生，留下了美好回憶。大家18歲的過往與夢想，永遠埋藏在進校右手邊第一棟「覺民樓」中。

國慶閱兵

民國67年，蔣經國先生就任中華民國第6任總統，當年在總統府前舉辦了盛大的閱兵，代號「漢威演習」，指揮官是蔣仲苓中將，中正預校學生營，首次參加了國慶閱兵典禮。

預校三年級開學不久，聽說學校要派人參加國慶閱兵，許多同學躍躍欲試。

「不可能，我們連槍都沒拿過，怎麼參加閱兵？」

「我們的身高176，才是參加閱兵的標準體格，你們太矮了！」

「你以為踢正步很簡單？看看陸軍官校的動作，海、空軍官校不夠看啦！」（說這句話的一定是陸軍的）

同學們在課餘議論紛紛，終於到了「選員大會」，全營集合，首先是量身高，169～171公分的同學出列，接著是168和172公分的同學出列，扣除身體不適的，

閱兵連一下子就編成了。原來長官要的是身高適中，看起來還很清純可愛的同學組成閱兵連。太高或太矮的同學都不要，被選上的同學大部分都很興奮（不知天高地厚），苦日子要開始了都搞不清楚。

我們第4營組成一個連，閱兵連連長是16連連長趙希平上尉（後來幹過中將軍團指揮官），另外兩個連分別是第1營的同學和中2期的學弟組成，預校的同學們參加閱兵是破天荒第一遭，必須勤訓苦練，才能將成果展現在國人面前。對於這點，長官們都很清楚，而大部分同學都在狀況外。

參加閱兵連的同學，先進行分組練習，踢腿和擺手的分解動作，如同機器人。

「踢腿的時候，腳掌離地30公分，腳尖下壓。」

「擺手的動作，左手向上90度、向下離身體15度，五指伸直併攏。」

「前後對正、左右看齊。」

我們的右手是要用來托槍的，所以找了一個磚塊代

替，看似雄壯威武的動作，認真做幾次後，汗水也溼透了大家的上衣，好不容易吹乾了，又再度溼透，在衣服上留下了一層層的鹽垢。原本踢腿像下餃子，逐漸變得整齊劃一。

每個閱兵連有12個班，每班12名同學，所以是很大的方形正面。不論是齊步、正步、跑步都力求標齊對正，所以時時刻刻都必須全神貫注，否則很容易就形成破壞畫面的「天兵」。

當大家非常疲憊時，趙連長會在一旁鼓勵大家重視榮譽，校長周將軍也天天來看部隊，幫同學們加油打氣。我們除了國、英、數、理、化等正課，其他時間統統用來訓練，包括週六的下午、週日的上午、以及晚自習時間。那是一段充實而辛苦的日子，也是進預校後，首次參加正式的軍事訓練。

民國 67 年國慶閱兵連校內訓練

　　徒手訓練兩週後，閱兵使用的槍枝終於運來了，那是從庫房運來，上滿黃油的卡賓槍。每個人分到一把卡賓槍和一副刺刀，望著槍上的英文字「U.S. CARBINE」，內心興奮極了。讀軍校的第3年，終於摸到槍枝，當軍人就是為了捍衛社稷，保衛國家安全，命運與槍枝密不可分。利用晚上的時間，連長教導大家保養槍枝，將手上的卡賓槍擦亮、擦光，雖然它只有3.75公斤，比起官校學長所拿的「五七」式步槍5.2公斤輕巧多了，但是扛在我們這群娃娃兵肩上，相得益彰。

　　終於肩上扛著槍，大家更認真的在校園內的馬路上練習閱兵分列，部隊行進時，高唱〈我有一支槍〉：「我有一支槍，扛在肩膀上，子彈上了膛，刺刀閃光……」，顯得更有精神，當托著槍跑步時，槍枝拉柄不斷打在右肩鎖骨上，還是得忍痛跑完。很多同學跟我一樣，右肩瘀青，只能在晚上睡覺時，用左手輕輕按摩傷口，不敢喊苦，那是屬於男子漢的光榮印記。

　　校長周將軍多次在學校的司令臺，驗收大家的訓

練成果，強調大家的汗水不會白流。閱兵的時候，預校的隊伍在三軍官校前面，代表我們師承黃埔，向國人宣告中正預校創校以來，成功的教育訓練，所以我們應該流汗，而且在隊伍中不准擦汗。在那長達一個多月的訓練裡，我們的汗水從頭上經過眼睛、鼻子、再從下巴滴下，有時跑進嘴裡，既鹹又苦，那真的是一種成長的滋味！汗流得太多，趙連長到醫務室找來鹽片，在休息的時讓大家配開水吞下，這樣的程序反覆上演著，卻讓我們的動作愈來愈熟練。

　　那年的中秋節是在9月中旬，放了3天假，父母親發現我的身體更健壯，胃口也變得很好，連吃3碗飯面不改色。仔細垂詢下才知道我參加了國慶閱兵，豎起大拇指，以他的兒子為榮。收假時和同學聊起，大家的情況都很類似，共通點是在3天的假期裡，大部分時間都在睡覺，大家確實夠辛苦的。

　　終於到了10月1日，國慶日的前夕，我們預校3個閱兵連，搭上了往臺北的專用列車。到了鳳山火車站，

不禁想起兩年多前到此報到的情景。我們都長大了，帶著槍，又搭同樣的火車北上，就當是成果驗收吧！因為白天的訓練很辛苦，那一夜在火車上大家都睡得特別香甜。

第一次搭火車經過臺北車站而過站不停，黎明時分，列車在華山車站（當時尚未廢除）緩緩停下。我們很有秩序的下車整隊，扛著槍走在臺北街頭，前往住宿地──福星國小，卻意外成為臺北街頭的亮點，吸引市民的目光。行進時高唱著軍歌，我們的心情很興奮，民眾也很好奇。幾乎使出了渾身解數，告訴身邊圍觀的民眾，我們是來自中正預校的閱兵連，我們是最有紀律與精良訓練的精銳隊伍。

國慶日的前一個多禮拜，我們借住在中華路的福星國小。教室成了大家的寢室，每人發一張軍毯和一個睡袋，課桌椅排列在禮堂裡，就是臨時的餐廳，另外還在操場邊搭了幾座野戰浴室，雖然一切設施都很克難，但大家還是很興奮，終於能展現平日的勤訓成果。不斷有

社會團體或長官來看參加閱兵的同學，發加菜金，所以在福星國小進駐期間的伙食極佳，浴室雖然克難，也保持讓大家能洗熱水澡。

那一個多禮拜除了參加3次預演外，依然不准外出。聰明的同學想出特別的點子，將錢和要買的東西寫在紙條上，然後用繩子綁住塑膠袋，垂掛在圍牆邊，過一段時間，香菸和刨冰就可以拉上來了。也許當時的民風淳

民國 67 年國慶閱兵連通過總統府

樸，裡面還有找的零錢，至於有無開統一發票就不可考了。

國慶閱兵後齊赴慈湖謁靈

有一天晚上連長到閱兵指揮部開會回來，發現圍牆外有很多「釣魚」的塑膠袋，按筆跡和清單上的名字找出了那些同學。最後的處分，還是看表現回學校再議，由於大家表現優異，最後還是輕輕放過，沒有任何處分。

在臺北的一個多禮拜，白天仍舊在操場練習，3次預演都在半夜裡，預演前提早就寢。10月的臺北，陽光已經失去威力，大家也不以為苦；在涼風徐徐的深夜，我們從中華路走到重慶南路，配合三軍樂隊每分鐘106步的步伐，以正步通過總統府，卡賓槍上的刺刀閃亮，照耀著民國67年的臺北夜空。

　　正式典禮那天，陽光普照，臺北蔚藍的天空旗海、標語飄揚。我們向蔣總統經國先生（中正預校創辦人），以正步的方式，獻上最敬禮。想起入校時經國先生多次到校的關懷與慰勉，大家的心情是激動和興奮的。當年的我們，因熱愛國家選擇了念軍校，38年過去了，不論退伍或仍在軍中任職，永遠保有這份赤子之心。

　　國慶閱兵的任務完成，再搭專車回到學校，校長決定讓閱兵連的同學放7天假，並發給每位同學「漢威」紀念章。鼓號樂隊的同學四處表演也很辛苦，所以放6天假，其他的同學放5天假。歡喜打包回家，多放兩天假就是很大的獎勵，留下參加國慶閱兵的美好回憶。

儲藏室裡的祕密

英國的著名小說《哈利波特》中，有一篇〈消失的密室〉。在我們就讀中正預校時期也有，那就是每間大寢室旁，供同學擺放行李的儲藏室。

二年級就讀的親16班，也是非常活潑調皮的班級。新火家住金門，為人善良誠懇，有一次休假回來帶了一瓶金門高粱酒，放在行李中，準備在假日帶去臺灣親友家。未開瓶的酒應該不會散發任何味道，卻被家住屏東的原住民同學小黑嗅出來（不知怎麼辦到的），於是他和彥平分幾次用漱口杯喝完了，新火追查了很久，不知道是誰幹的，只好算了（酒類是違禁品，不能向長官反映）。這件事情在三十幾年後的同學會被解密，新火寬恕了他們，並相約日後用金門高粱酒懲罰他們，不醉不歸！

在三年級親8班的儲藏室裡，每天都有同學在裡面席地而坐，聊快樂的事，也談未來的理想。由於大家感情

特別好，只要進到儲藏室裡面，立即能感受同學相互扶持的溫馨。癮君子在裡面幾個人分享一根菸，也是常有的事。連長或排長也很「上道」，認為那是同學們的私密空間，從不干涉大家的「私生活」。

　　為了慶祝親8班考試成績優異，情商隊職幹部，允許我們在儲藏室舉辦一場小小的慶生會。由德正和腳仔請假外出採購，大家繳了很少的班費（忘了是50元還是100元），卻享受了一個極為溫馨的夜晚。採購的同學從街上採購回來，同學們都睜大了雙眼，除了生日蛋糕外，還有飲料，更特別的是他們一個個慢慢掏出的小禮物……

　　「水牛喜歡抽菸，送他一個小小的攜帶式菸灰缸。」

　　「小白喜歡看書，送他一本散文集。」

　　「水蛙不喜歡刷牙，送他兩條口香糖。」

　　忘了還有些什麼禮物，但每一項都是他們費盡心思所準備的，讓過生日的同學備感窩心。分享蛋糕，祝

大家順利畢業，腳仔最後在袋子裡掏出違禁品——一瓶「紅標米酒」，加「維大力汽水」後，暖了大家的胃。吸菸的同學點了菸讓大家分享，整個慶生會圓滿結束。就寢後，查鋪的排長好像鼻子突然失靈，儲藏室裡既沒酒味、也沒菸味。

　　「儲藏室」是所有預校同學的共同回憶，親8班同學一直到畢業分手前，每隔兩個月辦一次小型慶生會。在38年過後的今天，不論是否還有印象，小型慶生會對於增進同學感情的價值，是不容抹滅的。可愛的班級、懷念的同學們，那是一段一起成長的珍貴回憶。

愛上數學課

預校三年級的生活相當忙碌，開學後忙著準備國慶閱兵，10月下旬起不停的補課，緊接著是第一次段考。段考的範圍中，數學科盡是奇怪的函數與方程式，上課老是聽不懂，大概是正步踢太多變笨了，讓我的心情相當懊惱，直到大考當前仍未解決。其他的科目還好，就在這樣的矛盾心情下，完成了第一次段考……

成績發下來後，真的很想死，巴不得從三樓的寢室一躍而下。那次段考我的數學成績是6分，全連最低分，其他科目都及格，被老師及連長各種調侃。

「你的物理88分，英文76分，不至於那麼笨嘛！」

「不想念了也不要用這麼愚蠢的方式！」

父親收到成績單後，來信表示非常痛心與失望，我默默無語，心裡只想著萬一被退學回家怎麼辦？「無顏見江東父老」，父親的臉都被我丟光了。那段日子天空是黑白的、飲食也索然無味，直到有一天被連長蘇建程

上尉召見。

「希望你能好好想想，不要忘了從軍報國的初衷。」

「如果課業上有什麼問題，可以請王筠排長個別輔導。」

「第二次段考和期末考也很難補救，6分實在太低了，希望你拚總平均50分以上，至少可以留級到中2期重新開始。」

中2期？代表以後要當現在同學一輩子的學弟。退學？回去念哪裡？我統統不要，決定死馬當活馬醫，接受連長的鼓勵，發誓要重新再起，這輩子任何考試都沒這麼低分過，一定要雪恥復仇！段考後的數學課程，是關於統計與機率的內容，非常仔細聽了幾堂課，李V（勝利）老師的授課方式其實是以啟發和誘導為主，讓同學們思考，為什麼我不能全力思考？⋯⋯

想通之後，我變成數學課裡，全班最認真的同學。不停發問，晚上找預官排長請教，當同學表示很多地方

聽不懂時，我已了然於胸。這樣還不夠，假日到書店去找高三的數學參考書，「升大學必考」或題目下注記民國幾年聯考的考古題都不放過，當同學們放假出去玩耍時，我常一個人留在教室解題。數學就是我的生活重心，幾次留讀遇見連長，都獲得高度肯定，幾次小考後，李V老師發現我的學習成效有了180度轉變。

「丘樹華同學最近非常努力，有進步。」

「老師對丘同學參加第二次段考的『期望值』很高！」（剛好當時正在教「期望值」）

第二次段考成績下來，我的數學科成績97分，成了全連最高分，數學老師們討論著這次考試不及格的人數很多，部分題目溢出課本範圍（還是我有遠見，到書店買了參考書！）需不需要開根號乘10，免得校長怪罪下來很難解釋。

「丘樹華同學這次考試達到全連最高分，從最低分到最高分，確實下了苦功，不容易，請大家熱烈鼓掌！」

「由於丘同學的努力，讓親8班也獲得提升，總平均勝過親7班。」（天哪！我不但救了自己，也救了全班。）

從來沒有這麼愛過數學課，連長還親自寫信給我的父親，請他放心。直到學期末，我大部分的精神還是集中在數學課，期末考依然是全班最高分的93分。由於落差太大，未能逆轉成功，總平均李V老師打了58分，給我補考的機會，當然很容易就過了。我的三年級上學期數學成績以補考及格的60分列計（補考不只及格，好像也是90分以上）。

不再擔心留級或是退學的問題了，我的預校生活恢復了希望與樂觀，那年特地投稿《中央日報》的〈中學生〉專欄獲得刊載，題目正是〈希望與樂觀〉，又再次獲得連長讚揚，記得領了稿費一百多元。下學期的數學課程也不再困難，「兩岸猿聲啼不住，輕舟已過萬重山」，直到畢業。

這是屬於個人的小故事，也是預校生活中，一段刻骨銘心的記憶。

合歡山賞雪記

民國67年的冬天非常寒冷，臺灣本島各高山白雪覆蓋，尤其是合歡山雪況良好。來自全臺各地的遊客絡繹不絕，只為了體驗那片臺灣少有的銀色世界。

預校三年級上學期即將結束，同學們開始規劃如何利用短暫的兩週寒假，從事平常沒時間去做的活動。有人打算騎單車來一趟南北長征，有人想和交往中的女友同遊風景名勝，留下甜蜜的回憶。年輕人的活力無窮，到高山賞景是不錯的選擇。在縝密的規劃下，麻雀、大豬、志浩、宏偉和我一共5人，打算來一趟合歡山賞雪之旅。

期末考前的晚自習，除了溫習功課外，最重要事情還是討論偉大的旅行計畫。4天3夜的旅行，打算住臺中、花蓮英雄館，另一天住在合歡山的寒訓中心（堯法的哥哥在寒訓中心幹連長，所以免費），預校學生出門，能省則省，在省錢、便利、好玩等三大原則下，完

成了我們的賞雪旅遊計畫。

當年同學們思想天真、勇於冒險，選擇臺灣第一高峰玉山和第二高峰雪山的大有人在。而我們這一組很單純，只為了欣賞雪景，從臺中搭車到霧社，再經過清境農場上合歡山，下大禹嶺、中橫公路抵達花蓮找同學。沿途均有人接應，就能達成節省的目的，也兼顧了欣賞美景的需求。

寒流來襲的日子，我們一行5人分別從桃園、岡山、屏東的住處，前往志浩位於臺中的家集合，按計畫在志浩家吃免費的晚餐，然後夜宿臺中英雄館。行囊中只有在福利站購買的一些乾糧，準備第二天正式出發。

隔日天還沒亮，我們就從臺中搭客運前往霧社。只記得霧社的櫻花很美，遠眺奧萬大水庫的湖光山色，幸福極了。預校的同學平常就在一起生活，所以大家對每個人的習性都很了解，感情特別好，不停說笑話。大家的目標是賞雪，所以在霧社只有短暫停留，要用雙腳走上合歡山。

登合歡山 5 人組

　　大家對登山缺乏概念，事前的功課也做得不夠，花3小時走到「新人崗」已是氣喘吁吁。大豬吵著循原路下山（不玩了），他的理由是寒假時間很寶貴，應該多休息，沒必要在學校緊湊的生活後，還要上山鍛鍊身體。5個人在山上召開小組會議後，決定繼續走，直到發現叫客的野雞車為止。

　　山路既漫長又曲折，甚至飄起了小雨，夾雜著濃

霧。不知又走了多久，還是看不見白雪，當時心裡很慶幸，沒選擇陸軍。麻雀（海島）很得意，說空軍絕對不會浪費時間在走路上（當年的他，戴著「AO」太陽眼鏡，穿著自己花錢買的飛行夾克，已經有點空軍飛行員的架勢）。當5個人都已疲憊不堪，口徑一致，後悔這次的行程安排時（也找不到車子下山，不可能再花幾個小時走回霧社），我們的救星──野雞車出現了！記得那輛車往上開沒多久，大家就發現了路邊的積雪。

在一陣陣歡呼聲中，我們到了最高點──武嶺，天上正飄著白雪。對於從未看過雪景的年輕人而言，簡直

合歡山留影

就像到了天堂。我們興奮的打雪仗，躺在路旁的雪堆裡，玩了一個多小時，做很多幼稚的動作，忘了自己是預校三年級的軍校學生。在饑腸轆轆之際，找了一個

小店，吃了一碗40元的「王子麵」（山下的「王子麵」一包4元），店家只要加個熱水，就淨賺36元，那碗泡麵讓我至今印象深刻，是這輩子吃過最好吃的泡麵！

白雪皚皚，遍地淞霧，北國的風光一覽無遺。我們在合歡山，度過畢生難忘的一天，也在松雪樓吃了非常昂貴的一碗麵（記得是80元，當年臺北市的牛肉麵一碗不超過60元）。但是心滿意足，躺在寒訓中心的床鋪上。記得當天晚上太冷，水管都結凍了，因此，刷牙、洗臉、洗澡都省了。在寒訓中心還遇見16連的君永同學等，大家共同的感覺就是太冷了（當晚氣溫低於攝式零下10度），又因為高山適應不良，有點頭痛症狀，決議隔天一早就下山。

「明天一早，就下到大禹嶺！」

「離開這鬼地方！」

剛欣賞完美景，就稱它是「鬼地方」，的確有點現實！第二天清晨，我們分到一個饅頭和一小塊豆腐乳，還是要感謝堯法同學哥哥的周詳照顧，5人叫了一輛車，

下山到了大禹嶺，卻難以決定下一步。

「我提議沿著中橫公路，走到太魯閣！」

「你瘋了嗎？3天也走不到！」

「那坐車去碧綠好了，可以省一點路程！」

在爭吵不休下，最後決定直接坐車到天祥，再走最後一段到太魯閣。還好到最後大家都很理智，要不然就會出現5個瘋子，夜宿中橫公路的馬路邊。

從天祥到太魯閣，是中橫公路的精華路段，我們先走過吊橋，到「正氣歌」的牌坊留影，體驗文天祥的浩然正氣，再享受太魯閣峽谷山明水秀、鳥叫蟲鳴的風光。快樂的時光總是很快過去，最後一個晚上，大家投宿在花蓮英雄館，家住花蓮的夫子（天慶）也熱情招待大家吃冰淇淋。第二天一早，夫子的姊姊更體貼，買了很多吃的東西，讓大家在蘇花公路的公路班車上享用。

合歡山賞雪，就是一群娃娃兵的冒險旅程，我們達成了省錢、便利、好玩等三大目標。

越野賽跑

學校為了提振運動風氣，鍛鍊預校學生強健體魄，在我們三年級下學期時，舉辦了一場全校的越野賽跑。以全連帶隊的方式進行，6公里的路程，採計時方式，除了病號或身體有痼疾者，全連95％參加。這個消息對於一向積極努力，帶領大隊求勝爭榮譽的17連蘇連長而言，不啻是一次表現良機。

「當軍人如果不求勝利，就不配當一個軍人！」（曉以大義）

「今天起，連長會陪著大家練習！」（身先士卒）

「如果我們得了第一，連長帶大家去澄清湖露營！」（重利誘惑）

聽完連長的訓勉，知道他是玩真的，並且在得勝後，可以去澄清湖露營。對於預校學生來說，那是千載難逢，能夠獲得短暫自由的大好機會。經過同學們課餘的熱烈討論，大家決定給自己一個機會，也給連長一個

面子。

在連長的鼓勵與親自率領下，全連官生展開了長期的訓練。天下沒有白吃的午餐，不經一番苦練，就沒有美好的成果，淺顯的道理人人皆知。然而正常的上課不能躭擱，只能利用起床後、每日第8堂體能活動及每週2堂的體育課時間。記得從密集訓練開始，我們全連的生活重心就是跑步了。

每天起床號音一響，大家5分鐘內便在樓下集合完畢，開始做暖身操。俗話說：「早起的鳥兒有蟲吃」，真是一點兒也不假。第一個起跑的隊伍一定是17連，次數多了，大家也覺得那是一大享受。清風拂面，我們享受著預校一天中最美好的空氣，耳裡聽著播音小姐的清晨絮語和她選播的動人歌曲，在集訓之前，從來沒有機會仔細聆聽。汗水溼透了我們的內衣，讓年輕的同學們了解，為目標所流的汗水就如同生命中的甘泉。

連長總是在隊伍前打頭陣，從未缺席，引導大家邊跑邊調整速度；輔導長殿後，鞭策和鼓勵跑不動的同

　　學，有幾次還將跑得最好的同學擺在隊伍最後面，跑得慢的同學就沒理由偷懶了，均勻呼吸，用智慧搭配速度，全連的士氣如虹。當年陸軍部隊有「精誠連」，就是整個師戰技、體力最好的一個連，我們自認17連應當足以號稱預校的「精誠連」。

　　旭日東升時，我們第一個起跑，夕陽西下，我們也是最後一個休息（最晚進餐廳）。蘇建程連長總喜歡在下午練跑前，跟大家說笑話或軍中的故事，當年不了解他穿草綠服時，有一塊「突擊」臂章是什麼意思，原來那也是一塊受過嚴格訓練的光榮標誌。

　　當時全校共有6個學生營、30個學生連，非常努力的連隊不只一個。如同蘇連長所說的，軍隊的存在，就是為了求勝利，我們為勝利而生！平日訓練的時候，我們很輕易在30分鐘內，帶隊跑完6公里，正式測驗的時候，當然更快。類似的測驗，只要有共同的理想和目標，連隊的士氣一定可以大幅提升，對於官兵的體能增進，更是不在話下。相同的經驗我在後來的部隊中驗證，絲毫

不假。

　　由於測驗分批採計時方式進行，所以沒有激烈比賽的氣氛。我們在努力訓練後，毫不意外贏得了全校第一名，所有的汗水都沒有白流。

　　蘇連長以第一名的姿態向校長報告，校長也欣然同意我們舉辦一次週末澄清湖露營。對於那次露營，只記得當天我頭痛欲裂、昏昏沉沉，在澄清湖畔，連長摸摸我的額頭，叮囑楊超寰排長陪我到802醫院急診。之後的露營精采內容，我全都錯過了，所以這本書少了一篇「澄清湖大露營」。依稀記得，楊排長在802醫院寸步不離、照顧吊點滴的我，38年後還是要向他說聲：「謝謝您！排長！」

六壯士續集

這裡提到的「六壯士」與前面所說的「預校六壯士」不同，預校六壯士，幹了很多年少輕狂的事，而真正的六壯士故事，發生在第二次世界大戰期間。《六壯士續集》（Force 10 from Navarone）是一部好萊塢明星哈里遜福特（Harrison Ford）主演，在1978年上映並熱賣的一部電影。

片中敘述隊長馬龍和破壞專家米勒是上一場戰役僅存的生還者。他們組成了第10突擊隊（Force 10），在千辛萬苦中，炸毀了一座讓德軍和義軍得以聯結的橋樑後，自己身陷敵營的一端，又發揮智慧脫困，是一部精采好戲。

這部電影雖然與「預校六壯士」無關，卻與民國68年念預校三年級的17連同學有著密切關係。當年的預校和國軍各級部隊或其他文學校一樣，經常辦理各項評比，包括教學成效或學業成績。而全年級一共10個學生

連，最能凸顯讀書風氣和學習成效的，便是段考總分的評比了。

當全校的體能鑑測（越野賽跑）贏得全校總冠軍，舉辦盛大的澄清湖露營後，蘇建程連長告訴我們，下一個目標就是在畢業前的第二次段考中，大家要力爭上游，贏得學業成績第一名，17連才算是允文允武、出人頭地。4個教授班中，他最擔心的還是親8班，因為親8班最調皮，只要親8班贏了，17連就能在10個連中嶄露頭角。

「如果得全期第一名，連長請大家看電影！」（又是重利誘惑）

「一定是院線片，保證精采！」

「希望大家都有好成績，順利畢業。」（事實上本來就應該努力）

那一年在親8班，大家雖然很調皮，但畢業在即，也不會去做嚴重違反校規或軍紀的壞事，只是經常製造一些笑料，讓軍校生活更開心而已。事實上，正因為活潑

和一點小小的散漫行為，使得我們的凝聚力更高，留下陸海空（包括陸戰隊）三軍一家、如兄如弟的美好軍校回憶。

使全班的成績都變好，其實不難，關鍵在於大家捐棄成見，共同為團隊而努力。於是，上課的時候，我們都很認真，不停發問，直到老師願意傾囊相授為止。晚自習的時候，王筠排長就是免費的家教，大家問題太多了，乾脆依他多年的考試經驗，重新對全班上物理課，預測考題。還有更多單科成績不錯的同學，成了小老師。我們的生活變得緊湊而充實，如同普通高中的升學班。

連上其他班級的努力景況，就不得而知了。只曉得3位預官排長就是連長的「密探」，不斷關心我們的自修情況。也不過是考試，絕不會像「愚公移山」一般困難。當成績公布時，我們一如連長所料，可以允文允武、出人頭地，全連的總成績高居全期10個連中的第一名。

　　連長非常得意，如同他帶了一百多位小弟弟，成功營造一個努力向上的連隊。一如前次越野賽跑後的大露營，他實現了諾言，在校長同意下，晚自習時間，全連搭大巴士到高雄三多戲院，觀賞當年的佳片《六壯士續集》。男主角「福伯」現在也老了，我們全連一起看過他年輕時的鉅片，如今我們也邁入中年。大家觀賞「福伯」近期的電影，也許會想起這段美好故事。

　　全連一百多人，到高雄的三多戲院，欣賞了一部精采刺激、驚心動魄的電影。在中正預校的校史中，可能是「前無古人、後無來者」。《六壯士續集》是一部值得學17連全體同學懷念的電影，我們的連長蘇建程上尉，更是值得大家懷念一輩子的好長官。

畢業

在人生的旅途中，每個人都經過幼稚園、小學、國中、高中、大學……等階段。每次畢業典禮，代表又長大一些，對於一位民國68年的高中畢業生來說，他必須參加大學聯考，好不容易在兩成的錄取率中脫穎而出，暑假裡又必須到成功嶺參加大專集訓（6週的軍事訓練），才能成為一位大學生。

中1期的同學們，從國中畢業後到中正預校，接受了3年的淬鍊。成績合格，便可直升陸、海、空軍官校、政戰學校。雖然預校3年並未接受真正的軍事訓練（連靶場都沒去過），然而言行舉止在3年的耳濡目染下，早就和一位軍人無異。我們需要的是最嚴苛的訓練，畢業時大家還沒分離，等著畢業假後一起進陸軍官校，接受辛苦的入伍教育，屆時從手槍、卡賓槍、步槍，甚至機槍、手榴彈的實彈射擊（投擲），等著我們去學習。

大家一方面很緊張，一方面又相當期待官校的生

活，就是預校畢業生的心情寫照。畢業前夕，同學們課餘談論的話還是8月底的入伍教育。預校快念完了，必須堅持下去，也就是頭洗了一半，不能半途而廢。有人說要利用暑假好好鍛鍊自己，以強健的體魄，應付入伍訓練的艱鉅挑戰。於是大家紛紛附和，暑假時一定得要求自己，每天清晨起床跑步，再找一個斜坡衝刺，想像自己端著槍，一遍又一遍攻上山頭……

其實還沒畢業，自主訓練的同學就變多了。很多人對進官校這檔事充滿了榮譽心，要求自己生活言行，各種動作都要有軍人的標準樣子。不只如此，還在操場上練習伏進（匍匐前進）的動作。假如那時丟給他一枝槍，他的動作並不亞於諾曼地登陸，大敵當前的士兵。

預校3年念完了，時光過得很漫長，好不容易盼到自己18歲了，算是半個大人。回想進校時的幼稚模樣，同學們都很感謝這3年來熱心教導我們的老師和隊職幹部，讓大家都變懂事了。最重要的是過慣了團體生活，也懂得關心別人和照顧別人，這不就是預校生活最大的成效

嗎？

　　3年來朋友變多了，也是最大的收穫。進官校後，任何一位同學，他在三軍官校、政戰學校，都有很多的朋友。「安危他日終須仗、甘苦來時要共嚐」，沒有人知道未來會在何處重逢，二年級同連的海軍同學培德，他也沒想到和空軍的耀湘同學，會在6年後的臺灣海峽上重逢，任職山字號軍艦的培德，和艦上的伙伴救起了軍機失事的耀湘。動人的故事一再上演著，不論將來各自在天涯海角，預校總是大家的根源。

　　預校畢業那年，同學們交錢訂做了一只純銀的期戒。38年後拿在手上把玩，那只戒指早已氧化，上面的「中正預校」四字模糊不清，剩下阿拉伯數字「1」仍然清晰，中正預校第一期，這是不容抹滅的驕傲與榮譽。

中 1 期畢業期戒

翻開重達兩公斤的畢業紀念冊，多少的歡笑片段、師長的鼓勵仍然遺留在裡面，只是紀念冊中的一千多個人物，都已邁入中年。

學 17 連畢業留影

　　昨日的理想，不能變成明日的黃花，一千多個同學
都會謹記當年在中興莊一起長大，一起立下的誓言。事
實證明，我們做到了，預校三年，就是我們人生中最精
華的片段。

　　畢業典禮時，爸媽特地從中壢趕到鳳山參加，終於
準備進海軍官校了，始終記得父親那天燦爛與得意的笑
容。媽媽一直想去阿里山看看，預校畢業典禮後，特地
從高雄坐火車到嘉義，雖然有國斌同學的協助，卻仍然

沒能買到上山的火車票（當年阿里山公路未通車），只好作罷。一直到民國83年母親逝世，她還是沒看過阿里山的日出與櫻花，成為我心中永遠的遺憾。

作者於畢業典禮後與父母合影

征服阿里山

預校畢業後的三個多禮拜假期，真的實踐了畢業前的想法。每日黎明即起，在家附近晨跑，再到中壢市中央大學的正門前——一個超大的圓形斜坡，從山下沿斜坡一路衝上山頭，來回幾次，汗流浹背。我在心裡告訴自己，男子漢不能畏懼未來的挑戰，一定要成為頂天立地的軍人。

這麼長的假期當然不只是每天跑步而已，在畢業前我和另外3位空軍同學——永發、晶萍和夫子（天慶）早就規劃好，要在假期中征服阿里山。不是坐火車上去，而是從南投的信義鄉和社村，經過神木村，再從阿里山的背面徒步爬上山；在山上休息一晚後，從阿里山經過杉林溪走到溪頭。當年的信義鄉不像現在的樣子，每年災禍頻傳，但我們所規劃的路線，已是中高級登山路線。

我們先在臺中買了一些土司、餅乾、肉醬等食物，

發揮了「勤儉建軍」的精神。預校學生的口袋雖不夠深，但冒險的精神一定要有。一行4人，下午到了永發位於和社的家，一個山明水秀的河谷地帶。三十幾年前，那裡從未發生水災、土石流，可能是當時的村落較原始，與大自然能和平共處吧！忘了那天晚上在永發家的晚餐是什麼，總之非常豐盛。能夠飽餐一頓，又能免費投宿，正符合我們探險計畫中，省錢的要旨。

第二天一早，永發找了一輛鐵牛車，送我們到神木村的登山口，阿里山探險的行程就開始了。年輕的我們，當時也不知道正確的路徑是什麼，只是運用雙腳踏出堅定的每一步，一概選擇較陡峭的近路，幸好每一條岔路都有登山隊留下的標記。

從來沒有見過這麼美的原始森林，路上遍布著樹根，濃蔭遮天。森林裡散發著野花與樹木的香氣，地面上有數不清的百香果實，我們甚至發現了野生的桃子與蘋果──不知《聖經》上所記載的伊甸園是否就是這般景象？

阿里山上的四劍客

　　隨著海拔愈來愈高，我們揮汗如雨，所幸預校3年的鍛鍊沒有白費。肚子餓了，就找個居高望遠的地方，看看山谷的村莊和河流，吃幾片土司夾肉醬。當年的我們，恣意享受著森林，河谷和天空中飄過的雲彩，這輩子去了很多次阿里山，只有那次最美。

　　下午的時候，我們抵達了阿里山風景區，6公里的路程，我們爬了5個小時，可見一路上的艱辛。「年輕就是

本錢」，大家並不畏懼，又依序走完姊妹潭，光武檜、三代木、神木等著名景點。讓崇山峻嶺，陶冶我們的身心。在即將接受入伍教育前，同學們深信，沒有克服不了的困難和通不過的考驗。

按照旅遊書的介紹，「溪阿縱走」的行程，必須在天亮前上路，否則無法在一天內走完全程。前一天上阿里山時，一路登高，第二天應該是下坡的路段較多，但我們還是依書中的指引，趕在清晨4點半出發，放棄觀賞阿里山的日出。

經過眠月神木、好漢坡，同學們的身手愈來愈敏捷，只要是彎路，一律採捷徑。中途休息的時候，就以土司、肉醬果腹，話題還是離不開幾天後的入伍訓練。觀察林相的改變，不知不覺路上的樹木已由針葉的松、杉木轉變成針葉、濶葉混雜的環境。

漫長的一天終於過去，我們馬不停蹄，走到了溪頭的神木景點。4人癱坐在路邊的椅子上，累壞了，不禁佩服這次的行程安排，就當作是入伍教育前的體能自主訓

練吧！

　　我們在溪頭找了一家最便宜的民宿，完成盥洗並將背包裡的泡麵吃完便匆匆就寢，彷彿一閉眼就天亮了。這次特別的旅程，沿途歡笑聲較少，一方面很疲憊，最重要的原因還是入伍在即，同學們的心理壓力變重了。

寧靜的收假日

念預校3年，休假可分為週日放假、節日放假和寒暑假等3種。每次休假，總會發生很多快樂的事，收假日同學們興高采烈、神采飛揚，所以每次收假時，寢室裡喧鬧不堪是必然的，然而畢業假後的收假日卻格外寧靜。

以往收假時，同學們習慣帶些媽媽做的食物，或地方的土產，回學校與同學們分享。那次收假，大家被通知不要帶任何個人物品，所以那天晚上大家「窮得只剩下一套預校制服」！沐浴、盥洗等事項就一切從簡了。以前陸軍官校曾流行一句話「入伍生不是人」，既然明天就要開始過「非人」的生活，同學們對於眼前的舒適與否，也就不在意了。

當天晚上，同學們在臨時分配的鋪位上，大家輾轉難眠。不停想著明天會怎麼樣，雖然大家都做好了心理準備，對無知的未來總是有些恐懼。

「不要緊張，又不是集中營！」

「將尊嚴丟在一邊，就是入伍生的生活。」

「忍耐3個月，又是好漢一條！」

部分同學開始自作聰明，當起了心輔師。大部分的同學都準備好了，明天開始，要穿上草綠服，踏入陸軍官校的大門，開啟不一樣的人生。麥克阿瑟曾說：「給我一百萬，我也不再入伍，但是用一百萬買我入伍的回憶，我也不願意！」，這幾句名言道盡了一個年輕人變成軍人的過程，是多麼艱辛與值得珍惜。

有吸菸習慣的同學，躲在隱密的地方吞雲吐霧，享受最後的自由。過了今夜，連這點小嗜好都要戒除了，戒除壞習慣、重過新生活，也是入伍不錯的收穫。明天開始，做一個驕傲的官校學生……

以往帶我們的隊職幹部，有些調職去了新單位，有些去新的連隊帶中2期到4期的學弟。所以那晚沒什麼人理我們，就在這些詭異的氣氛裡，我們度過了在中興莊的最後一晚。

再會了，中正預校！

第二天是我們人生中的大日子，雖然已經當了3年「半個軍人」（沒完成入伍訓不算真正的軍人），入伍之後，我們就要學習操作武器，成為如假包換的軍人了。昨日已逝，把握現在，才是正確的想法與觀念。

同學們整隊，默默從預校走路到官校，走進陸軍軍官學校雄偉的大門，突然感到一陣陣殺氣。陸軍官校的學長們在馬路兩側列隊，歡迎我們中1期的小老弟，雖然熱情鼓掌，但有些學長鼓掌的方式是右手握拳，敲擊著左手掌……

「好小子，你們終於來了！」

「我們等你們3年了！」

「一定會讓你們剝層皮，成為小老虎！」

陸軍官校學生列隊歡迎預校畢業的入伍生

到了北營區入伍生連，立即先在報到處領一套草綠服，才翻了一下桌上的軍服，立刻引起班長的大聲吼叫……

「你以為你在夜市挑衣服啊？莫名其妙！」

「豬八戒穿上軍服還是豬八戒！」

我們終於大夢初醒，脫下預校制服，丟在一邊，並換上草綠服，「少年十五從軍趣」的故事結束了，真正的挑戰才剛開始……

（未完待續）

老校長

　　預校時期的校長周世斌將軍，是一位值得全體同學尊敬與懷念一輩子的長者。

　　一年級下學期時，我們原來的校長孟憲庭將軍，交接給第二任的周世斌將軍。周校長是四川人，1951年陸軍官校24期畢業的裝甲兵，曾到西德指揮參謀學院深造，是國軍極少數留德的將領。論年齡比我們大了32歲，足以當我們的父親。事實上，他在學校時對課業要求很嚴格，對於我們一千多個孩子而言，就像一位望子成龍的父親；平日相處時，又很溫文儒雅、慈祥和藹，因此大家都很敬重、愛戴他。

　　辦教育的人，絕不能拘泥於軍隊死板的教條，這一點周校長做到了。記得他以前對同學們訓話的時候，總是很有耐心，向大家說明為什麼要遵守校規與軍紀，為

什麼三軍的同學要相親相愛；巡視校區的時候，更是噓寒問暖，要求隊職幹部要像家庭一般，妥善照顧我們這群離家過團體生活的小伙子。

記得念二年級時，曾經罹患中耳炎，疼痛難忍。晚上向連長請假，由同學陪同，準備到鳳山街上的耳鼻喉科診所就診，在校門口遇見了周校長，他對於學生在晚上到外面就醫非常不諒解，親自帶我到診療所，並指責值班的醫官。

「學生在晚上還要出去就醫，養你們這些醫官有何用處？」

「不將這位同學的耳朵治好，就將你送法辦！」

無辜的醫官只好幫我開一些消炎止痛藥。事實上，診療所內並無專業的耳鼻喉科器材，但校長又對學生的關心可見一斑。我的中耳炎，最後是利用假日，世忠同學帶我到他位於左營的舅舅家（耳鼻喉科診所）治好的。

三年級時，父母親曾在上課期間到學校來看我。周

校長全程親自陪同，無知的我，曾經很天真的當著父母面前，向校長請假一天。他的回答也很堅定，學生上課期間不准請假，否則會影響課業，就算是再大的官來說也不同意。父親當年是國大代表，他照樣不甩。對於學生課業該有的堅持，校長做到了，38年後想起這段小故事，當年的失望與埋怨早已消逝，只剩下無限的敬佩與感念。

周校長治校非常嚴謹，也貫徹了「走動式管理」，不分白天、晚上，上課期間、晚自習時間，甚至假日，經常可見他的身影。有時走到一間教室，就坐在後面的監課桌，聽老師上課的內容，同學們也沒發現，直到下一堂課才聽老師提起。有時在下課時遇見校長，他也會放下身段，和同學們天南地北的聊。周校長對學生很好，對老師和隊職幹部卻要求嚴格，這是數十年後，仍然深刻的印象。

周校長在預校任職3年多後，晉升中將軍長。之後他還擔任過中央警官學校（現警察大學）校長。任用他的

長官真是英明，他就是國軍最適合辦教育的將領。回憶起老校長在學校與我們相處的時光，用「如沐春風」來形容一點都不為過，正因為他春風化雨的作為與態度，所以桃李滿天下，讓同學們永遠懷念。

民國85年8月，是我們從軍（進預校）20週年紀念，周校長當時任職華視總經理，特地在華視公司設宴，招待中1期的同學。當年大部分的同學尚未退伍，來自各單位的同學們，不分軍種，有數百人參加；民國98年他過80大壽，邀請同學們在臺北「吉星餐廳」歡聚，席開數十桌，熱鬧非凡。我們分批在校長面前獻唱三軍軍歌，從他慈祥的臉上，可以看出他的欣慰與滿足，還有什麼事情，比桃李滿天下更加快慰？聽說當天的餐費數十萬，都由他親自埋單。幾年前，他也設宴招待中1期晉升將官的同學，有幸參與了那場盛會，只是覺得校長愈來愈老……。對中1期同學恩重如山的老校長，是我們永遠敬重的老校長，祝福周校長永遠安康。

同學會

近期看過一篇文章，1946～1965年「戰後嬰兒潮」出生的四、五年級中年人，忙著運用各種方式，搜尋失聯多年的同學。這些五十幾歲以上的人們，工作都已經到了一個階段，子女俱已長大成人。已經從職場退休的人，更擔心無人關懷，失去生活的重心，積極尋找以往一起學習的同學。最近有一部電影《高年級實習生》（Intern），將這種心境描述得很深刻。

我們中1期的同學也是如此，從官校畢業二十多年後，陸續屆齡或達到服役最大年限。很多人在退伍後，找到事業的第二春，但心裡念茲在茲的，還是培養我們長大成人的軍事教育。年少離家就讀預校，一起生活3年，一起從不懂事的小伙子，蛻變成保衛國家安全的軍人。這樣的經歷和從小培養的感情，用「血濃於水」來形容一點都不為過。

今年參加了兩場預校的同學會，第一次是在高雄，

中1期學4營17連的聚會。熱心的同學，早上就安排了一部遊覽車從臺北出發，沿著桃園、新竹、臺中……，陸續接到了住在各地的同學。大家興高采烈，歡笑聲不斷，並將車上的畫面，利用LINE群組隨時傳送給南部的同學，事實上，同學會在遊覽車上就開始了。

同學會在高雄的飯店舉行，在報到處每人領到了繡上預校校徽、學17連和名字的帽子，以及預校風景照的月曆。掛上承辦同學貼心準備的識別證，很多人幾十年不見了，看見識別證上的名字，就會想起三十多年前的模樣。老戰友重逢，相互擁抱、握手，溫馨的畫面，一再出現在眼前。

蘇建程連長出現，讓整個活動進入最高潮，大家好像一下子變成了十七、八歲的小伙子，看見38年不見的老長官，很多人眼眶都紅了。節目主持人由空軍的「小蜜蜂」擔任（沈一鋒同學，記得他的外號是「腳仔」，不知何時改成了比較文雅的「小蜜蜂」），老茆同學製作投影片，整理了一系列小時候的老照片，一邊播放，

一邊引起同學們的陣陣驚呼。「小蜜蜂」很幽默風趣，逗得連長和同學們開懷大笑，回憶著預校快樂時光。

在臺上的同學訴說著少年時期的往事，頑皮的故事和糗事最難忘，被一一解密，竟成了聯繫同學友誼的黏著劑。當我向連長說明當年數學為何考6分的往事時，沒想到他還記得。當年的連長，不像我們的長官，而像一位照顧我們的大哥哥，如今也是。

宴席上喝著連長帶來的上等高粱酒，心是熱的、甘美在嘴裡。更意外的是，遇見當年每天在清晨陪伴大家的播音小姐，再次聽到她甜美的聲音，時間好像又重新凍結在民國65～68年。

第二次同學會是在臺北，是我念預校二年級的19連同學籌辦的。另一批一起長大的同學，相聚的景況類似，大家都變成了成熟的中年人。當年的兩任孔繁亞、吳麟康連長，紀金水、吳文瑞輔導長，劉健清、張台麟排長……，幾乎到齊了。老長官們都記得同學們當年調皮、可愛的模樣。大家為了當年的搗蛋行為，在席間忙

著向老長官認錯，當然都獲得了連長寬恕。

「勸君莫惜金縷衣，勸君惜取少年時」，我們從15～18歲，將年少黃金歲月交給中正預校，得到了成長與無限回憶。40年後回想那3年，最珍貴的收穫，就是同學們所建立的友誼了。將陸、海、空、政戰的同學融合在一起，建立三軍一家、如手如足的情誼，的確是絕佳的點子，用「三軍聯合作戰」的精神，擦亮了我們的人生。

民國 104 年作者贈書周校長後合影

雄鷹遠颺

深秋的臺北碧潭山區，細雨紛飛，我和26歲的兒子來到了位於新店的空軍公墓。

「爸！我們今天去看誰？」

「去看多年不見，曾經一起長大的老朋友。」

「他們有一個共同特徵，身懷壯志，卻都英年早逝。」

在空軍烈士公墓裡，有十幾位中1期的同學，長住在這裡。他們經過中正預校3年的洗禮，與空軍官校4年的淬鍊後，成為中華民國空軍飛行員。左胸前配掛上象徵榮譽的飛行胸章，飛上藍天、捍衛領空，是件多麼值得驕傲的事。不久前看過「國家地理頻道」的《傲氣飛鷹》後，對於空軍飛行員的養成，有了更進一步的認識。

收油門、對正跑道、放起落架、進場，是每一架飛機降落前的程序。長住此地的同學們，還沒做完五邊降

民國 66 年作者與官鎮福烈士同遊外雙溪

落的各項動作，就離開人世。有些粉身碎骨，甚至再也
找不到遺體，與戰鬥機共同消逝，令人鼻酸。

　　官鎮福同學是預校的同班同學，也是無話不談的好
友，曾在預校二年級寒假時，造訪他位於臺北中華商場
的家，他的父母是樸實勤勞的生意人，店家雖小，卻殷
切招待。那天我和鎮福、國光3人，還同遊外雙溪。他在
畢業5年後的一次任務中，駕F-104戰鬥機墜毀於梧棲海

灘上，從此化身為天使，繼續護佑這片土地。望著桌上的老照片，只有無限的懷念與感嘆。

嚴忠華同學家住大溪僑愛新村，也是預校的同班好友，由於同住桃園，預校階段休假期間經常同遊。官校四年級時，有一次收假，與他同坐自強號火車南下。還記得他談起參加飛行訓練的過程，神采飛揚，以成為中華民國空軍飛行員為榮。立志翱翔天際，保衛他所熱愛的土地，將愛國赤忱化作實際行動，在他身上我看到了堅毅與勇敢。可惜官校畢業不久，他就化身天使，沒想到那次火車上的碰面，竟是人生中的最後一面。

類似的故事永遠說不完，空軍以「忠勇」為軍風，由上百成千烈士，共同寫下了扣人心弦的篇章，化作天使，永遠活在大家的心裡。墓誌銘上寫著一則又一則悲壯的故事，與他們長相左右的，正是那些動人情節，雄鷹雖已遠颺，忠勇的精神卻永留人世。

中1期的同學還有成耀湘、樂熙平……等十餘位烈士，長眠在這裡，供後人永遠懷念。那些年我們在預校

一起長大，到如今只能在這片青山綠水間撫碑追思，回想過去一同度過的快樂時光。他們在天上繼續飛行，永遠護佑在地上的伙伴們，有人說「同學」是一份難得的情緣，類似兄弟，讓我們永遠綁在一起。

據有心的同學統計結果，除了空軍19位外，陸軍已有20位、海軍10位、政戰17位同學因公或因病天人永隔，他們組成了另一個「天使第一連」。懷念成為天使的同學們，往日的歡笑永遠無法磨滅，在未來的日子裡，他們的名字永遠印在畢業紀念冊上，長存在同學心裡，成為永恆。謹以此文，悼念遠颺的雄鷹們。

後記

　　這本《少年十五從軍趣》在長時間的醞釀和努力下，終於完稿。那段奮力寫稿的無數夜晚和假日，腦海裡都是預校生活的情境，彷彿時光倒流，又回到年少的歲月。

　　回憶總是美好的，趁著還有印象，將它們寫下來，是件有意義的事。歲月不待人，當年一起成長的中1期伙伴們，如今都是中年人了。雖然大部分同學已成為榮民，但津津樂道的事，還是那寶貴的3年時光。

　　寫稿的日子裡，心情非常愉悅，腦海裡浮現許多陳年往事。再度回味往事，真是人生一大樂事。同學們知道我正在書寫後，更相互爆料，增添了生活樂趣。中1期的一千多位同學，都是故事中的主角，感謝張競同學、彭明陽同學和劉健清排長熱心提序推薦，他們也都是中正預校的校友，陸、海、空軍的優秀幹部。中正預校創校迄今已40年，培育了無數傑出人才，當校友們架著戰

機、捍衛領空，操縱戰艦，巡弋海疆或領著戰士、馳騁草原，永遠不會忘記年少從軍報國的初衷。

　　唐代詩人王維在〈老將行〉中寫道：「少年十五二十時，步行奪得胡馬騎，射殺山中白額虎，肯數鄴下黃鬚兒……」，用來描述漢代名將李廣的年少英勇。回想40年前的同學們，的確是一群勇敢又胸懷壯志的少年；到如今他們絕大多數已從軍中退役，很多人又開創了人生中的新頁，卻又無法忘情於軍中的輝煌過往，正好符合〈老將行〉中的最後幾句詩「……願得燕弓射天將，恥令越甲鳴吳軍，莫嫌舊日雲中守，猶堪一戰取功勳」。或許再過數十年歲月，仍然在世的同學，便會產生和美國名將麥克阿瑟相同的感慨：「……老兵不死，只是逐漸凋零」。古今的軍人，不分國籍，都熱愛他的國家與百姓，至死不渝。

　　感謝幼獅文化公司總編輯劉淑華、責編朱燕翔小姐等優秀的編輯群，由於他們的用心，使本書更有看頭。本書的書名《少年十五從軍趣》，也來自他們的審慎討

論與建議；更要感謝金門畫家李如青先生撥冗為本書設計封面，還有筆者的姊夫邱進益校長惠賜〈老將行〉墨寶，讓本書增色。

在佳蓉、聖涵、家瑋的協助下，讓艱鉅的繕打和校對工作得以順利完成。闔上初稿，腦海裡依舊是昔日師長，同學們的身影，生命中有了他們，讓那短暫的3年成了永恆。

少年十五二十時步行奪得胡馬騎射殺山中白額虎肯
數鄴下黃鬚兒一身轉三千里一劍曾當百萬師漢兵奮迅
如霹靂虜騎崩騰畏蒺藜衛青不敗由天幸李廣無功
緣數奇自從棄置便衰朽世事蹉跎成白首昔時飛箭無全
目今日垂楊生左肘路旁時賣故侯瓜門前學種先生柳蒼
茫古木連窮巷寥落寒山對虛牖誓令疏勒出飛泉不似
潁川空使酒賀蘭山下陣如雲羽檄交馳日夕聞節使三河募
年少詔書五道出將軍試拂鐵衣如雪色聊持寶劍動星文
願得燕弓射大將恥將越甲鳴吾君莫嫌舊日雲中守猶堪
一戰立功勳

樹華將軍

錄王維樂府詩 老將行 敬致

邱進益

乙未年歲末除夕前日

邱進益墨寶

丘樹華 寫作年表

1970 年
第一次投稿〈小黃與我〉獲《桃縣兒童》刊載。

1971 ～ 1976 年
多次投稿《國語日報》獲刊載。

1976 ～ 1982 年
多次投稿中正預校校刊《中正青年》、《中央副刊》及《青年日報副刊》獲刊載。

1983 年
擔任海軍官校校刊《海軍軍官》主編及文藝創作社團社長。

1987 年
撰寫〈摯愛〉一文獲第 23 屆國軍文藝散文銅像獎。

1998 年
撰寫〈戀海心 戀土情〉一文獲第 34 屆國軍文藝散文銅像獎。

1999 年
撰寫〈南疆夢痕〉一文獲第 35 屆國軍文藝報導文學銅像獎。

2003 年
發表第一本著作《分秒必爭——危機救難總動員》，幼獅文化公司出版。

2012 年
發表第二本著作《迎風巡航——拉法葉艦航海日誌》，幼獅文化公司出版。

2013 年
發表第三本著作《海濱散記》，幼獅文化公司出版。

2012 ～ 2014 年
作品數十篇刊載於《青年日報副刊》。

2015 年
發表第四本著作《綺麗的旅程》，幼獅文化公司出版。

2016 年
發表第五本著作《少年十五從軍趣》，幼獅文化公司出版。

國家圖書館出版品預行編目資料

少年十五從軍趣 / 丘樹華著. -- 初版. --
臺北市：幼獅, 2016.05
面； 公分. --（散文館；23）

ISBN 978-986-449-041-7（平裝）

1.丘樹華 2.臺灣傳記

783.3886 105003803

・散文館023・

少年十五從軍趣

作　　者＝丘樹華
封面設計＝李如青
出 版 者＝幼獅文化事業股份有限公司
發 行 人＝李鍾桂
總 經 理＝王華金
總 編 輯＝劉淑華
副總編輯＝林碧琪
主　　編＝林泊瑜
編　　輯＝朱燕翔
美術編輯＝李祥銘
總 公 司＝(10045)臺北市重慶南路1段66-1號3樓
電　　話＝(02)2311-2832
傳　　真＝(02)2311-5368
郵政劃撥＝00033368

門市

・松江展示中心：(10422)臺北市松江路219號
　電話：(02)2502-5858轉734　傳真：(02)2503-6601

印　　刷＝崇寶彩藝印刷股份有限公司
定　　價＝260元
港　　幣＝87元
初　　版＝2016.05
書　　號＝986273

幼獅樂讀網
http://www.youth.com.tw
幼獅購物網
http://shopping.youth.com.tw/
e-mail:customer@youth.com.tw

行政院新聞局核准登記證局版臺業字第0143號